TAKE YOUR LIFE BACK!

ちきりん
CHIKIRIN

自分の時間を取り戻そう

ゆとりも成功も手に入れられるたった1つの考え方

ダイヤモンド社

はじめに

「自分の時間を取り戻そう」――この本のタイトルは、仕事や家事、育児に多忙な日々を過ごしているすべてのみなさんへのメッセージです。

新入社員だから、第一希望の会社に入れたのだから、やっとつかんだチャンスだから、高く評価されているから、今が頑張りどころだから、途中で投げ出すべきじゃないから、そして、家族のためだから、他の人はもっと頑張っているから……

多くの人がさまざまな理由で、忙しすぎる生活を「避けられないもの」「自分が頑張って乗り切るべきもの」として受け入れてしまっています。でも、本当にそうなのでしょうか？　この多忙な生活を脱する方法は、どこにも存在しないのでしょうか？

私はあまりに多くの人がそんな生活を当たり前のように受け入れ、本当にやりたいことを後回しにし、時には体や心を壊すまで頑張ってしまう現状を、とても普通のこととしては受け入れられません。受け入れるべきだと思えないのです。

2016年、厚生労働省は初めて「過労死等防止対策白書」を作成しました。現状を把握し対策を考えるのはいいことですが、問題はそれほど深刻化しているのです。

同白書によると、仕事を理由のひとつとする自殺は年間2000人以上、業務による心理的負荷を原因とする精神障害は、労災請求件数だけでも1500件と15年前の7倍です。当然、労災など請求できず、仕事を原因とするうつ病で苦しむ人の数は、これより桁違いに多いはずです。

最近は政府も「働き方改革」と称して長時間労働を是正しようと動き出していますが、「働く時間を短くしましょう」「はい。そうしましょう」と言って問題が解決できるほどコトは簡単ではありません。

私は、初著『ゆるく考えよう』では、高すぎる目標を持たず、頑張りすぎずに生きるライフスタイルもありうると提案、2013年に出した『未来の働き方を考えよう』では、延び続ける定年まで延々と働かなければならないこの時代に、みなさんは本当に今の働き方をあと何十年も続けたいですか？　と問いかけました。

そして本書では、多忙さの本質を理解し、それを脱するためのスキルとはどのようなものなのか、という観点からこの問題を取り上げています。表紙を見て気づかれた方も多いと思いますが、この本は『自分のアタマで考えよう』『マーケット感覚を身につけよう』

に続くシリーズの3冊目で、本シリーズでは一貫して「今後の社会を生きていくために、そして人生を楽しむために、私たち全員が身につけるべき根幹の能力とはなになのか」というテーマを扱っています。

それは英語力や財務の知識といったテクニカルな能力ではありません。資格やプログラミングといった〝手に職〟のことでもありません。私が本シリーズで提示し続けているのは、社会の進んで行く方向性を見極め、自分の時間を世間の目や会社の論理から取り戻すために必須となる「自分の人生を生きる力」「オリジナルの人生を楽しむ力」を構成する現代社会のサバイバル能力なのです。

今回の本では、ふたつの異なる視点からこの問題にアプローチしました。個々人が直面する超多忙な生活からの脱出方法について考える視点と、今の社会で急速に進みつつある変化の本質に焦点を当てた視点です。

このふたつの視点をもって見ると、そこには共通する、ひとつの「答え」が浮かび上がってきます。詳しくは本文をお読みいただくとして、まずは序章に登場する4人の生活振りをご覧ください。

第一志望の会社でバリバリ活躍する正樹、仕事と育児を両立しようと奮闘するケイコ、リーマンショック、ブラック企業、底辺フリーランスと苦境の数々を経験してきた陽子、そして、起業に成功しながらも踊り場を迎えて悩む勇二。

4人の物語から浮かび上がるものと、今の社会で進みつつある大きな変化。それらを俯瞰したとき、私たちが理解すべきこと、身につけるべきスキルとはなになのか。

本書を読まれたみなさんが自分の時間を自分の手に取り戻し、やりたいことを少しでも多く実現できる「自分の人生」を謳歌できますよう、この本によってそのお手伝いができることを、著者として心から願っています。

社会派ブロガー　ちきりん

目次

はじめに

序 「忙しすぎる」人たち

1 高生産性シフトの衝撃

2 よくある誤解

3

どんな仕事がなくなるの!?

4

インプットを理解する 希少資源に敏感になろう

7

生産性の高め方②
全部やる必要はありません

8 高生産性社会に生きる意味

終

それぞれの新しい人生

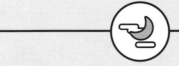

序　章

「忙しすぎる」人たち

デキる男　正樹

正樹は33歳。今年の初め、同期に先駆けてグループマネージャーに昇格した。平均より数年は早い昇格だ。仕事は広告関係の企画営業で、商品プロモーションの企画案を立てて顧客に提案し、受注すればテーマ設定からメディア選定、細かいイベントの準備まですべての指揮を執る。

早期昇格が実現したのは顧客からの強い支持があったからだ。入社当初は仕事の要領もつかめず低空飛行が続いたが、ここ数年は顧客からの評価がぐっと高まり、自信もついた。社内でも正樹の昇格は注目され、「実力さえあれば若くても責任あるポジションにつける実例」として新卒採用サイトにも掲載されている。昇格を機に交際数年になる美保とも婚約し、公私ともに順風満帆だ。

なのに昇格から1年、正樹は悩んでいた。以前は自分のプロジェクトだけに集中していればよかったが、昇格後は数人の部下がそれぞれ担当する合計20社近い顧客のプロジェクトすべてに目を配る必要がある。

なによりつらいのはスケジュールの自己管理ができなくなったことだ。これまではプロジェクトのピークが重ならないよう、提案時期を細かく調整していた。ところが最近は、

序 「忙しすぎる」人たち

自分のプロジェクトがヤマ場を迎えている最中に部下のプロジェクトの締め切りが突然に設定される。「そういうことはもっと早めに……」と指導しているさなかに、他の部下からは「ちょっと困ったことが」とメールが飛び込む。

もっとも危険なのはなにも言ってこない部下だ。黙々と働いているから安心していたら、締め切りギリギリに持ってきた企画書があまりにお粗末で驚かされた。「先週からずっとやっててこれなのか？」——正樹は言葉を失った。

その日の夜、正樹はひとりでパソコンに向かっていた。手元にあるのは先ほどの部下の企画書だが、実質的にはほぼゼロから作り直さざるをえない。あと1週間の余裕があれば本人にやり直させる。だが顧客とのミーティングは明日だ。自分も同行することになっている。こんな企画書を見せるなんてありえない。「まったくいい根性をしてるよ」——パソコンの画面に向かって思わず愚痴が飛び出す。

今週末、美保からは新居に置く家具を見に行こうと誘われていた。しかしそれもちょっと難しい。週末には今日やるはずだった、自分のプロジェクトの進行表を完成させる必要がある。美保も正樹の立場については理解してくれており、不満を言われることはない。しかし昇格してから同じようなことが続いているのでちょっと心苦しい。

先のことを考えるとさらに不安が募る。美保は早めに子供を産みたいという。それには正樹も賛成だ。だがこんな生活のまま父親になったらどうなるのか？

美保が専業主婦になる予定はない。正樹だって子育てには協力したいと思っている。しかし先日そう言って、こっぴどく叱られた。「協力する」とはどういうことだと。子育ては美保の仕事だが、自分も協力すると言っているのか？　大袈裟な呆れ顔で見つめられ、正樹は言葉を失った。

両親の体調も不安のタネだ。昨年、父が高血圧で倒れ、ごく短期だが入院した。幸い大事には至らなかったが、この先なにがあるかわからない。母親も膝が痛い、腰が痛いとこぼしている。正樹には妹がいるが、今はキャリアアップを目指し留学中だ。

「今、オヤジが倒れたらどうなるんだ？」　夜中に実家から電話があると、いつもぎょっとする。以前、父親が倒れたと電話がかかってきたときの衝撃が忘れられない。いつもはしっかりしている母親がパニックに陥り、ひとりではなにもできなかった。

それだけじゃない。そもそもグループマネージャーなんて自分にとってゴールでもなんでもない。さらに大きな仕事を手がけるには、課長、部長、本部長とステップアップしていく必要がある。しかしそれは、部下の数が20人、30人と増えていくことを意味している。どんな働き方をすればそんなことが可能になるのか。今の正樹にはとても想像できない。

それにしてもプロとして最低限守るべきレベルを部下に理解させるのが、こんなに難しいとは。昇格前には想像もできなかった。

ようやく資料の修正が終わると、すでに日付も変わっている。正樹は資料をコピーしてファイルに詰めた。昼間ならスタッフに頼めるが、今は自分でやるしかない。

「ハラが減った」――ようやくほっとして、会社の前にあるラーメン屋に直行した。こんな時間にこんなものを食っててていいのか。豚骨のこってりしたスープを飲み干しながら、正樹は自分で自分に回答した。

「いいのだっ！」

頑張る女　ケイコ

ケイコの朝は慌ただしい。5時半に起きて洗顔と歯磨きを終えるとすぐにご飯を炊く。食物アレルギーがあるため弁当を持たせている小学生の息子、それに夫と自分の3人分の弁当、さらに、夕食用のご飯も先に炊いておく。ご飯が炊けるのを待つ間、週末にまとめて作り置きしたおかずを冷蔵庫から取り出し、3つの弁当箱に手際よく詰めていく。自分の朝ご飯は立ったままのつまみ食いだ。

その後は洗濯乾燥機から洗濯モノを取り出してソファの上に放り出し（片付けるのは夫の役目）、スマホでメールをチェック。時短勤務で働くケイコのアカウントには、昨日の夕方以降に送られた急ぎのメールが数多く届いている。

案の定、緊急メールが入っていたので、子供を起こすのは後回しにし、パソコンに向かう。会社のサーバーにつないで必要な資料を取り出し、30分ほど集中して修正を加えた。気になるメールは他にもいくつかあるが、それはまた後だ。ケイコはキッチンに戻り、炊きあがったご飯を弁当箱に詰めた。

そのうち夫が下の娘を起こし、身繕いをさせて保育園に連れていく。しかし彼は、自分が朝食を食べるのに使った食器を洗っていかない。シンクには弁当用の総菜を入れていた

序　「忙しすぎる」人たち

保存容器や、子供用の食器が溢れており、その上にちょこんと置いていくだけだ。結局それら大量の食器や鍋を洗うのは、帰宅後のケイコの仕事だ。

その後ようやく通勤着に着替え、長男と一緒に家を出る。小学校までの10分はとても貴重な時間で、学校には馴染めているか、友達はできたか、先生はどうかと、いつも質問攻めにしてしまう。息子はおとなしくて手がかからない一方、意欲や好奇心に欠けるようでちょっと心配だ。小さな頃からなんにでも首を突っ込んでいた自分とは大違いである。

小学校近くで息子と別れた後は一気に仕事モードに転換する。通勤時間中もスマホを駆使し、できる限りの仕事を終わらせる。都心のターミナル駅でホームに飛び出したケイコは、「もうひとつの戦場」に向かって大股で歩き始めた。

夕方、時短勤務を終えて家路を急ぎながら、ケイコは今日、上司から打診された仕事について考えを巡らせた。会社としても初めてチャレンジする成長分野での新プロジェクトに、入社以来ずっと一緒に仕事をしてきた上司から誘われたのだ。

ありがたい。私は恵まれてる。たしかに出産前は男性社員と比べても高い成績を上げていた。でも子供が生まれた後は思うように仕事ができていない。仕事を抜け出して子供を病院に連れて行ったことも一度や二度ではすまない。

長男は下校後、近くの学童クラブに通っているが、「馴染《なじ》めているか、虐《いじ》められていないか」と気にかかる。1日でも「学校に行きたくない。学童もヤダ！」とグズられると、「このまま不登校になってしまうのでは！」と過剰に反応してしまう。

とはいえ、先生に様子を聞きに行くのも気が引ける。ケイコはPTAはもちろん、学校行事の手伝いがほとんどできていない。仕事が忙しくてそれどころじゃないのだが、それでいて自分の子供の様子だけ聞きに行くなんてさすがに気まずい。

さらに頭が痛いのが、中学受験をするかどうかだ。もし受験をするなら、塾選びから志望校選びまで、親の時間も相当に必要だ。もちろん私立の授業料を払い続けるためには、ケイコがフルタイムの仕事をやめることはありえない。去年買った家のローンだけでも、共働きは当然の前提だ。

そういえば夫の実家からは、高価そうなサクランボが届いていた。夫は美味しそうに食べていたが、ケイコは素直に喜べなかった。「こんなもんもらっちゃったら、今年は帰れませんとはとても言えない」

お盆に夫の実家に戻るのは、経済的にも体力的にも大変だ。自分たちだけの旅行なら食事はすべて外食にできるが、夫の実家ではケイコも料理から片付けまで担当する。ゆっくりできるのは夫と子供だけだ。

それでも帰れないなんて言えない。息子が中学受験をすることになれば、義父母は喜んで資金援助をしてくれるだろう。セコいようだがふたりの子供を育てていく身として、お金はいくらあっても十分とは言えない。

でも……今の生活は完全にギリギリだ。ふたりめが生まれてからは自分のために使える時間なんて皆無だし、先日ケイコが風邪で寝込んだときは、たった1日なのに家中が大混乱に陥った。そういえば自分の健康診断も、去年ドタキャンしたままになっている。

ケイコは思った。「本当にこれが自分の手に入れたい生活だったんだろうか？」

休めない女　陽子

陽子が大学3年生の秋、リーマンショックが起こり、直後から日本は未曾有の不景気に襲われた。ひとつ上の先輩の中には突然の「内定切り」に遭う人が何人も現れ、その後に始まった陽子の就職活動も想像を絶する厳しさとなった。採用予定数も会社説明会も大幅に縮小され、応募しようにもエントリーさえさせてもらえない。陽子は卒業間近まで1年近くリクルートスーツを着続けたが、それでも得られたのは、IT関連の下請け企業における契約社員という仕事だけだった。

しかもそこでは、驚くほど過酷な労働が待ちうけていた。「こんなご時世に雇ってもらえるだけでありがたいと思え」とばかりにこき使われ、連日終電近くまで働いた。新聞やテレビでは、突然に解雇され住むところを失った非正規ワーカーたちの悲惨な様子が毎日のように報道されている。陽子は心の底から恐ろしかった。「この仕事を失ったら私の人生は終わってしまう」――そんな悲壮な思いと共に、ただ黙々と働き続けた。

それから5年。最初は右も左もわからなかった陽子だが、先輩社員が次々と退職するなか、がむしゃらに働くことで、それなりのスキルが身についた。しかし相変わらず会社の

序　「忙しすぎる」人たち

経営は厳しい。おそらくこのまま勤めていても正社員にはなれないだろう。非正規のままでは給与も上がらないし休暇もとれない。それどころかいつ契約解除になってもおかしくない。陽子は転職を考え始めた。

最初に向かったのは転職エージェントだ。景気も少しは回復していたし、陽子が身につけたＩＴ関連のスキルは需要も高い。話を聞く限り転職は可能そうだった。

けれど面接に行ってみると、いつも「この会社に入っても、結局は今までと同じ目に遭うだけだ」と思えた。どの職場でも長時間労働が常態化していたし、働いている人から「仕事が楽しくて充実している！」という雰囲気はみじんも感じられない。しばし実家で体と心を安めながら、陽子は決心した。「思い切ってフリーランスでやってみよう」

ちょうどその頃、フリーランスワーカーと仕事の発注者をネット上でマッチングするクラウドワーキングという働き方が注目されていた。甘い世界ではなさそうだが、陽子はダメ元でいくつかのサイトに登録をしてみた。

しかし、登録しただけではなにも起こらない。仕方なく、学生バイトでもやらないような単価の低い仕事を受けてみた。なんの実績もない間は、よいレビューを獲得するのがなにより大事だからだ。しかしそんな仕事をいくら受けても収入はしれている。最初の半年間の収入は月に2万円から5万円。実家暮らしでなければとても食べていけなかった。

とはいえ半年、そして1年とマジメに仕事を続けていると、固定客も少しずつ増え、月の収入もようやく10万円台に乗った。一度うまく回り始めるとレビューが増え、それを見て新たな客から依頼が届く。こうして2年目が終わる頃には、ほぼ前職と同じくらいの手取りを稼げるようになっていた。


しかしほっとすると同時に陽子は、「なにかがおかしい」とも感じ始めていた。というのも、彼女はふたたび仕事に追いまくられていたからだ。いや、通勤時間がなくなった分、仕事時間はむしろ増えている。真夜中まで仕事をするのは当たり前で、時には窓の外が明るくなるまで働いているし、自宅で仕事をするため曜日の感覚も薄まり、土日も完全には休めていない。会社員と違ってお盆やゴールデンウィークの休みもない。

理由は無茶な条件であっても、なかなか仕事が断れないことだ。そんなことをして注文が来なくなったら、年収も仕事も激減してしまうと不安でならない。

しかも手がけているのはどれも同じような仕事ばかりで、なんの成長感も得られない。こんなことではそのうち時代遅れになってしまう。

陽子は思った。これでは前職となにも変わらない。労働時間は異常に長く、休みもとれない。不安やプレッシャーのせいか、最近はよく眠れず、突発的にすべてを放り出したいという衝動にも駆られる。

パソコンから目を離し、部屋の中をぐるりと見渡してみた。中学時代からずっと使っているベッドの上には、脱ぎ捨てた洋服と仕事の資料が散乱している。その光景は、あの「とんでもない会社で働き、家にはただ寝るためだけに帰って来ていたあの頃」とまったく同じだ。

あと何十年も働かなければならないのに、こんな生活を続けていくなんてありえない。「なにかを変えなくちゃ」——30代を目前にして、陽子は真剣に考え始めた。

焦る起業家　勇二

都内の大学を卒業した勇二は、就職活動を経験していない。学生時代に仲間と事業を始め、卒業後に株式会社化してそのまま経営者になったからだ。

父親は安定した企業に勤める会社員だが、勇二はその姿に憧れたことがない。愛情を持って育ててくれたことに感謝はしているが、自分もそうなりたいとは思えない。

大学入学後、勇二はすぐに「会社員以外の道」を探し始めた。ツイッターやフェイスブックを駆使し、有名な学生起業家、スタートアップ企業でバリバリ働いている大学の先輩、時にはネット上の有名経営者にも連絡をとり、話を聞いては起業の意思を強くした。

3年生の半ば、就活のために髪を切る同級生を横目に、仲間3人と事業を始めた。ネット上のサービスなので、場所代とサーバー代、それに電気代くらいしかかからない。全員で寝る間も惜しんでサービスを作り込み、あちこちに売り込んでユーザーを増やした。卒業後には株式会社化し、本格的に事業化。その後、多数の会員を抱える先行企業との提携が実現すると、会員数が一気に増え、勇二の会社は〝ブレイク〟した。

勇二はメディアの取材や、起業家フォーラムでの講演など広報活動に走り回った。コラボレーションのオファーも次々と持ち込まれ、体はいくつあっても足りない。

そんなある日、創業メンバーのひとりが珍しくまじめな顔で勇二に問いかけた。「このままじゃマズイと思わない？」――勇二は一瞬、言葉につまった。問い返すまでもなく「なんのコトか」わかっている自分に気づいたからだ。

事業は順調に進んでいたが、組織全体でみると、明らかに創業当時よりスピード感に欠けていた。つい最近も新サービスのひとつが予定開始日に間に合わなかった。その前は急に持ち上がった問題について半日たっても誰も手をつけていなかった。

3人で始めた企業も今や社員だけで30人。アルバイトや契約社員を加えると50人に近い。みんな恒常的に夜中まで働いており、オフィスには毎日誰かしら泊まり込んでいる。いつも、そしてどの部署からも「人手が足りない」と悲鳴が上がっていた。

幸い投資家からの評価も高く、資金は潤沢だ。勇二は、「人はいくら雇ってもいい。だからとにかく早くやれ。この分野はスピードがすべてなんだ！」と繰り返していた。

ところが社員も増えているし、みんな必死で働いているのに、必ずしも仕事のスピードは速くなっていない。昔は3人であれだけの仕事をしていたのに、今はその10倍もいて、なんでこんなに時間がかかるのか。創業メンバーが指摘してきたのもまさにその点だった。

「こんなところで足踏みしてる場合じゃない。これからまだまだ成長する必要があるっていうのに、こんな状態じゃとても無理だと思わないか？」

なにが問題なのか、あらためて点検すると多くの問題が見つかった。まずは打合せや会議の非効率さだ。各部署の屋台骨を支えるキーパーソンたちは、あらゆる打合せに呼び出され、業務執行に使える時間が足りなくて困っていた。「この資料を見てください」と送りつけられる資料をすべて読んでいたら、半日が終わってしまうという社員もいた。

真夜中まで延々と会議を続けたのに、アクションにつながる明確な結論がなにひとつ出ていない会議も多かった。みんなで興奮して夜通し話し合い、それで満足して終わってしまうのだ。

上司があまりに忙しそうなため、質問をすることがはばかられ、わからないことがあっても聞きに行かない部下もいた（それがために後から起こったトラブルで上司はさらに忙しくなるのだが……）。

仕事の取捨選択もできていなかった。会社に泊まり込むほど働いている社員の仕事を見てみると、優先順位の低い、どうでもいいような仕事に驚くほど長い時間を使っている。コツコツ型で真面目なスタッフは、依頼されたすべての仕事をこなそうと連日、深夜まで働き、とうとう体を壊してしまった。

コミュニケーション上の非効率さも目立った。パートナー企業の超多忙な部長に（電話で話せばすぐにすむ話なのに！）アポをとって会議を設定しようと、10日も待たされている社員もいた。

勇二はクラクラした。このままでは規模50人の会社で終わってしまう。世界に出るどころか、国内においてさえ次々と現れる新しい企業にすぐに抜かれてしまうだろう。

とはいえ勇二のスケジュールも、いっぱいいっぱいだった。しかも営業やネットワーキングには強みのある勇二だが、組織運営にはなんの知見もない。「これはマジでやばい」「いったいどうすればいいんだ？」勇二は頭をぐるんぐるん回しながら考え始めた。

「忙しすぎる」という問題の本質

マネージャーに昇格後、労働時間が大幅に伸びた正樹、子育てと仕事に大わらわのケイコ、就活時にはリーマンショックに見舞われ、フリーになっても長時間労働から逃れられない陽子、そして、多くの社員が真夜中まで働いているのにスピードを失い始めた会社に危機感を感じる勇二。

みんなそれぞれ自ら希望した道を進み、それなりに成功もしている。なのになぜか忙しすぎる。この本を読んでくださっているみなさんも、そのひとりかもしれません。

といっても本書のテーマは、「効率よく仕事を終わらせるノウハウ」でも「共働きの極意」でもありません。今回の本で論じたいのは、それぞれの人が自分の人生を自らの手に取り戻すための、そして、これからの社会を生き抜くための鍵となる、あるとても重要な概念についてです。それがなになのかはこれからじっくり説明しますが、まずは4人の生活を振り返りながら、いったい「なにが問題の本質なのか」考えていきましょう。

働きすぎだって？　わかってるけど、そんなこと言われたってどうしようもない。仕事が多すぎるんだから！

問題その1
●長い時間、働くことによって、問題を解決しようとしている

これは多忙な人が陥るもっとも典型的な問題です。

正樹は増加した仕事をこなすため、残業や休日出勤、自宅への仕事の持ち帰りなど、「働く時間を拡大する」ことで問題を解決しようとしています。彼はそれを「若くしてマネージャーになったのだから当然のこと」であり、「仕方のないこと」「みんなやっていること」と考えています。

でも「長い時間を投入する」のは、本当に最良の問題解決方法なのでしょうか？ 誰しも持っている時間は同じです。そんななか仕事に投入する時間を増やせば、他のことに使える時間が大幅に減ってしまい、生活全体としてはますます忙しくなってしまいます。

仕事も子育ても手は抜けません。時短勤務を認めてくれて、なにかと配慮してくれる会社のためにも仕事はきっちりやりたいし、子育てに手を抜くなんてありえない。だって私は母親なんです！

問題その2
- すべてのことを「やるべきこと」と考え、全部やろうとしている
- なにもかも完璧にやろうとしている

ケイコは仕事と家事と育児に加え、お弁当作りからお受験、さらに義父母との付き合いまで、「母親がやるべきこと」はすべてやろうとしています。彼女にとってそれは「母親だから当然」のことです。でもこんな生活を続けていたら、いつかケイコ自身が体を壊してしまいそう。それに、せっかく巡ってきた仕事上のチャンスだって泣く泣く手放すことになってしまいそうです。

仕事がなくなるのがとにかく怖いんです。っていうかフリーランスとして働いていて仕事を断れる人なんてホントにいるんですか？　そんなの、よほどの才能がある人だけですよね？

問題その3
●不安感が強すぎて、NOと言えなくなっている

陽子は新卒就活時にリーマンショックに遭遇して大変な苦労をし、独立後も月に数万円しか稼げないという苦境を経験しました。だから今も「いつ仕事がなくなるかわからない」という恐怖感から逃れられないのです。

仕事の依頼があれば直前でも、そして少々無理なスケジュールでも断らずに引き受けてしまうため、止めどなく忙しくなってしまっています。フリーランスなのにまるでブラック企業で働く社員のように、夏休みや正月休みさえとれない状態です。

この「断るのが怖い」という気持ちも、私たちを多忙な生活に追い込む大きな要因です。他にも、「子供の友達のお母さんに誘われたから」「ご近所の顔役の方に頼まれたから」「義理のお父さんが望んでいるのに」など、自分や子供が嫌われるのではないか、仲間はずれにされるのではないか、ダメな嫁だと思われるのではないか、といった不安からNOと言えなくなってしまう人がたくさんいます。

本当はちょっとくらい期待を裏切っても、その分なんらか自分の得意な方法でリカバーすることはできるはず。でもみんな、そんなふうに考えることはなかなかできません。

社員はみんな一心不乱にパソコンに向かい、連日のように真夜中まで働いています。なのに出てくる成果のレベルが低すぎる。これはいったいなぜなんでしょう？

問題その4
●「とにかく頑張る」という思考停止モードに入ってしまっている

日本人は「一生懸命働く」のが大好きです。ものすごい速さでキーボードを叩き、脇目も振らずに書類をめくっていく。一見すごく高い集中度で働いているように見える……なのに、大した成果が出せていない。そういう人、いますよね？

なぜ働く時間に見合った成果が上げられないのか？　それは考えるのを止め、無思考モードになって目の前の作業に没頭してしまうからです。

実はここまで見てきた4つの問題は、すべてそれらより上位に位置する〝ある大きな問題〟につながっています（**図1**）。

なので4人が今の多忙すぎる生活を脱するためには、その本質的な問題を解く必要があるのです。しかもこの問題は、今の社会の大きなトレンドとも密接に関わっています。

図1　忙しさの本質とは？

現時点では正樹もケイコも陽子も勇二も、その本質的な問題がなになのか理解できていません。だからみんな、多忙な生活から抜け出せないのです。

その「本質的な問題」とはなんなのか？

次章の答えを読む前に、みなさんもぜひ自分のアタマで考えてみてください。

第1章

高生産性シフトの衝撃

本質的な問題

序章に登場した4人が共通して抱えている本質的な問題、それは、「生産性が低すぎる」ということです。もしくは「生産性の概念を理解していない」とか「生産性の向上こそが問題の解決に必要と理解できていない」と言ってもいいでしょう。

4人も、そして「毎日毎日、忙しすぎる!」と感じている人たちも、まず取り組むべき本質的な問題は「生産性を上げること」です。

ところがなぜかこの「生産性」という言葉は、本来の意味よりはるかに狭く解釈され、その重要性も正しく認識されていません。なかには「自分は工場で働いているわけではないので関係がない」とか、「生産性なんて仕事の話であって、家事や遊びには無関係だ」と考える人もいます。

でも本来の意味での生産性とは、仕事だけでなく家事から育児、趣味からボランティア、勉強に人付き合いからコミュニケーションに至るまで、生活のあらゆる場面においてその成果を最大化するための鍵となる概念なのです。

それからもうひとつ、私がこのタイミングで生産性について本を書こう(書かねば!)

と考えた重要な理由を挙げておきたいと思います。それは今、社会が急速に「高生産性社会」へとシフトし始めているということです。

前著『マーケット感覚を身につけよう』の中では、社会の市場化というトレンドを取り上げました。それは経済やビジネスの分野だけでなく、就活から婚活、消費活動から寄付行為に至るまで、生活のあらゆる分野で市場化が進むという話でした。

今回、本書のトピックとして取り上げたのは、市場化と同じくこれからの社会が向かう方向を端的に示している「社会の高生産性シフト」という潮流です。

今後、私たちの暮らす社会では、これまでに経験したことがないほど速いスピードで、しかもあらゆる場面でこの高生産性シフトが進みます。それはいったいどういう現象のことなのか、ひとつずつ説明していきましょう。

UberとAirbnbが有効活用した資源

生産性とは「時間やお金など有限で貴重な資源」と「手に入れたいもの＝成果」の比率のことです。後で詳しく書きますが、ここでは「希少資源がどの程度、有効活用されているかという度合い」だと考えてください。

高生産性社会へのシフトとは、「社会全体が、生産性が高まる方向にどんどん動いていく」という意味です。つまり、これから世の中に存在するあらゆる資源は、今までよりはるかに高いレベルで有効活用されるようになるのです。

もちろんこの動きは、今に始まった話ではありません。産業革命が起こり、手作業で作っていた商品が機械で作られるようになりました。これは生産性の低い製造方法が、生産性の高い製造方法に置き換えられたという意味で、高生産性シフトです。しかし注目すべきは、そういった高生産性シフトのスピードとその起こる範囲が、ここのところ一層急速になり、かつ拡大し始めているということです。

一番わかりやすい例は、個人が自分の空き時間に自家用車で乗客を運び、乗車賃を稼ぐＵｂｅｒ（ウーバー）のようなサービスや、個人が空き部屋や空き家を宿泊場所として貸し出すＡｉｒｂｎｂ（エアビーアンドビー）といったサービスの拡がりです。*

このふたつのサービスを通して、これまで活用されないまま放置されていた３つの資源が有効活用され、価値に置き換えられ始めました。

ひとつめの資源は、Ｕｂｅｒが有効活用を始めた「自家用車の空き時間」です。一般的に個人が所有する車の稼働率は高くありません。長い時間、駐車場にとめられたままだっ

＊Uber　https://www.uber.com/ja-jp/
＊Airbnb　https://www.airbnb.jp/

図2 資産の有効活用を促進する新ビジネス

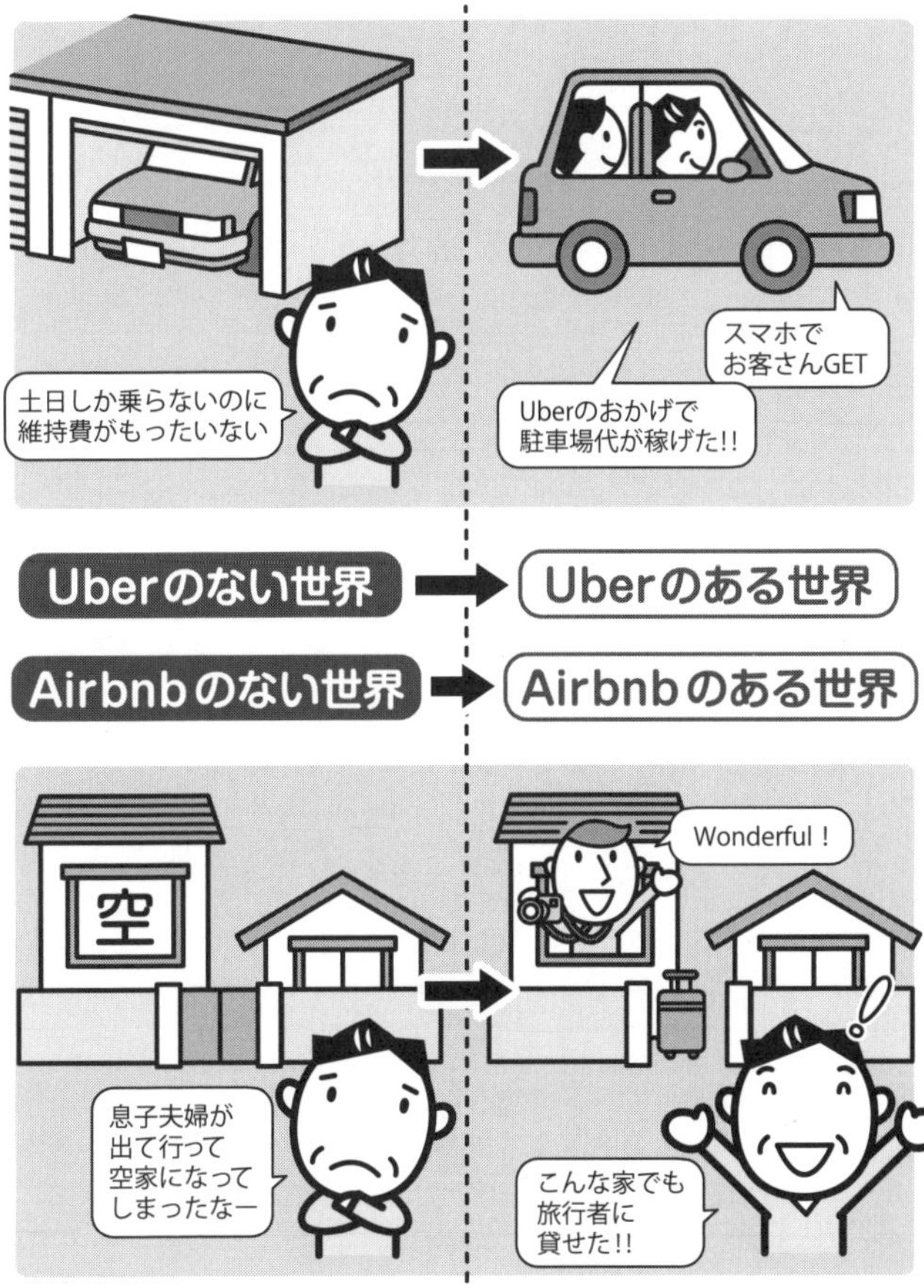

た個人所有の自家用車がその空き時間に客を乗せ（＝乗客に価値を提供して）、有効活用され始めたのです。

ふたつめはＡｉｒｂｎｂが有効活用を促した「空いている部屋や家」です。そして３つ目の資源が、車や部屋を所有する人のヒマな時間です。言わずもがなですが、ヒマな時間のまったくない多忙な人が、Ｕｂｅｒドライバーになったり Ａｉｒｂｎｂのホストになったりはしません。これらのサービスの出現により、ヒマな時間を持つ人の隙間時間も有効活用され始めたのです。

車の空き時間、家の空きスペース、人生で余っていた時間、という３つの資源が、ＵｂｅｒとＡｉｒｂｎｂにより有効活用されるようになった――いうなればＵｂｅｒは、個人所有の自動車とその持ち主の時間の生産性を、Ａｉｒｂｎｂは個人所有の不動産とその持ち主の時間の生産性を上げることで価値を生み出し、それを換金するというビジネスなのです。

Ｕｂｅｒが進出するというと、どこの都市でもタクシードライバーによる反対運動が起こります。でもなぜ、プロのドライバーである彼らがＵｂｅｒに勝てないのでしょう？

Ｕｂｅｒならクレジット決済で便利だから、ナビで移動ルートが一目瞭然だから、レビューでドライバーの評判がわかるから、などいろいろな理由が挙げられます。でも、もっとも本質的なＵｂｅｒシステムの強みは、タクシーより圧倒的に生産性が高いしくみだという点にあります。

タクシー業とはいったいどういうビジネスなのか、ちょっと想像してみてください。東京など都市部では、ものすごい数のタクシーが延々と空のまま走っています。あれを見ると、いつもなんという生産性の低いビジネスなのかとため息が出ます。地方でも同じですよね。鉄道の駅ごとに、これまたすごい数のタクシーが何時間も停車したまま客を待っています。こちらも信じがたいほど生産性が低い。

ところがＵｂｅｒの場合は、ドライバーは自分がヒマになったときだけ近くにいる客を探すので、無駄な時間が発生しません。つまり、今後タクシーシステムからＵｂｅｒシステムへの移行が必然的に起こると考えられる理由は、後者のほうが圧倒的に生産性の高いシステムだからなのです。そしてこれからはあらゆる分野でそういう方向（＝生産性が高くなる方向）に社会が変わっていきます。これが、高生産性社会へのシフトという現象なのです。

同様に、仕事の発注者と仕事を探しているワーカーがネット上でマッチングされるクラウドワーキングも、労働力の生産性を高めるしくみです。夫の転勤について行くため、会社を辞める女性は今でもたくさんいます。これまでは、そういう女性の能力と時間というふたつの希少資源は、まったく活用されていませんでした。

ところがクラウドワーキングで仕事を受けられるようになると、それらの資源が有効活用され、価値を生めるようになりました。子育て中の女性の隙間時間も同じです。子供が昼寝をしている数時間しか働けない人でも、そのスキルと時間を活用できます。

これからの時代の判断基準

このように「生産性が上がる」とは、あらゆる資源の活用度合いが高まること、あらゆる資源が、今までより有効に使われ始めることを意味しています。

もちろん同じことは今までも起こっていました。でもたった1時間ほどの、しかもいつ発生するか事前にはわからない隙間時間や、自分が住んでいる家の空き部屋などという中途半端なものまでが有効活用され始めたのは、つい最近のことです。

スマホが登場するまで、電車の待ち時間は単なる無駄な時間でした。でも今なら数分の待ち時間の間にでも仕事のメールに返事ができます。これまで生産性を上げるべく有効活用が図られてきたのは、製造用の工作機械や貴重な知的財産権、それに石油などの燃料といった、産業用の物資ばかりでした。それが今や、個人が所有するちょっとした私物や隙間時間の生産性までが、大幅に高められるようになってきたのです。

社会の高生産性化は不可避であり、もはや後戻りすることはありません。だからなにか新しい技術やビジネスを目にしたときは、それを生産性という判断軸で評価することがとても重要になります。

今後の社会では生産性の高いものが残り、生産性の低いものが淘汰されていく――そうだとすれば、勉強する分野や仕事を選ぶ際にもできるだけ生産性の高い分野を選びたいですよね。生産性を大幅に高める新サービスを発見したとき、すぐに「これはスゴイ！ 絶対に流行る！」と理解できれば、これからの世の中がどう動いていくのかも見えやすくなります。

もちろん、自分で事業を起こすなら、そのビジネスがなんの生産性をどれほど高めるのか、事前に考えることで、事業の可能性を判断することもできます。このようにこれからはさまざまな場面において、生産性という基準でモノを見ることが必要になるのです。

学校教育がダメダメな理由

私はツイッターやブログで、学校教育についてよく批判をしているのですが、これも「学校は学びの場としてあまりに生産性が低い」と考えているからです。

興味深いのは、この意見に反論してくる人の大半が、「とはいえ今でも学校教育には価値がある」とか、「私はこういうことを学校で学んで、それが社会に出てから役立った。だから学校には価値がある」と言ってくることです。

この反論と、私の意見の違いがおわかりになるでしょうか？

実は反論はすべて「学校教育の価値はゼロより上である」という意見なのです。私はそれに反対するつもりはありません。学校教育の価値は、間違いなくゼロより上だと思います。でも私の主張の元になっているのは、その価値を得るために投入される希少資源と得られた価値の比率、つまり生産性なのです。

正確に言えば私の主張は「学校での学びは、学びの生産性が他の選択肢に比べてとても低い。だから無理して行く必要はない」というものです。価値がゼロより上だと言われても、それだけで無条件に自分の時間やお金を投入したいとは思えません。他にもっと生産性の高い学びの方法はないのか、そう考えてしまうからです。

時間もお金も有限かつ貴重なので、十分に報われると思えることに使いたい＝お金や時間の生産性を最大限に高めたい。そう考えたとき、学びの場として今の学校の生産性はあまりにも低く見えます。

最大の理由は、個々人の理解レベルにまったく合わないペースで教えられているからでしょう。最低でも30人の生徒がいる教室では、一番よくわかっている子も一番わかっていない子も、自分の時間を有効活用できていません。

おそらく時間が有効活用できているのは、真ん中の10人ほどではないでしょうか。しかもその10人も、英語の授業時間は有効活用できているけれど、物理の授業ではまったく無駄に人生の時間を使っていたりするのです。

学校しか学ぶ場がなかった時代には、それでもみんな学校に行くしかありませんでした。Uberがない時代にはタクシーを使わざるをえないのと同じです。タクシーの価値は確実にゼロより上であり、とてもありがたいサービスです。でもUberが出てきて生産性の比較になったら、まったく太刀打ちできません。

これからは学校も、新たに現れるさまざまな学びの場と「学びの生産性」という観点から比較され始めます。そしてその生産性が低ければ、今と同じ形で残り続けることはできません。

学校というのはお金もかかりますが、なにより時間がかかることが大きな問題です。個人的な感覚では、大学が今4年間かけて教えていることは、生産性を上げれば1年くらいで教えられます。もしくは4年もかけるなら、今の4倍くらい価値あることが教えられるはずです。

そもそも何十年も前の、紙と鉛筆しかなかった時代に4年かけて教えていたことを、今でも4年かけて教えているなんて、あまりに進歩がなさすぎると思いませんか？　もし4年分を1年で教えてもらえたら、時間だけでなく費用も1年分ですむのです。

現在の状態では、学校の生産性は私の期待値と比べて少なくとも4倍は低い。だから私はその存在意義に疑問をぶつけているのです。

このように、ある人が「生産性という観点から意味があるかどうか」を語っているのに対し、それに反論する人は「価値がゼロより上かどうか」だけに注目している、ということはよくあります。

たとえば公共工事をどう考えるか。私も含め公共工事に批判的な人の多くは、今の公共工事の生産性があまりに低いと感じているため、その分野に貴重な資源を投入しすぎるのは止めようと言っています。

日本が焼け野原になった戦後に道路や鉄道を整備し、ダムを造って水と電気を確保し、学校や病院を誰でも利用できるようあちこちに作った――こういう時代には、公共事業の生産性は非常に高かったのです。

しかし、低成長時代に入ってからも作られ続けたガラガラの地方美術館、ヒマな人しか訪れない温泉施設、交通量の極めて少ない立派すぎる高速道路などの生産性は、あまりに低すぎます。それらが生み出している成果が、投入資源に比べて小さすぎるのです。貴重な資源がちゃんと有効に活用されていたなら、公共工事に反対する理由はありません。官主導や公共工事が嫌いな人の多くは、その生産性の低さに耐えられないのです。

でもそういう意見に反対の人は「都会と地方の差をなくすためには、高速道路や新幹線が不可欠だ」とか「地方活性化のためには補助金が必要だ」と言うのです。そこには生産性の概念がありません。単に「新幹線や地方美術館の価値はゼロより上である」と言っているだけです。

そうではなく「高速道路や新幹線の建設が、都市と地方の格差を縮小するための、もっとも生産性の高い方法なのか？　他にもっとよい方法があるのではないか？」と考えることが必要なのです。地方活性化のためのもっとも生産性の高い支援方法とは、本当に地方に補助金を配ることなのでしょうか？

このように価値の絶対量で善し悪しを語る人と、生産性の高低でその是非を判断する人が混在しているため、両者の意見はまったく噛み合わないのです。

グローバル企業が税金を払いたがらないワケ

グローバル企業の租税回避問題についても、生産性という観点からみると一般とは少々異なる解釈が生まれます。アマゾンやアップル、グーグルなどのグローバル企業は、税率の安い国に帳簿上の利益を集めて組織的に節税をしており、最近はそのことが世界中で批判されています。

彼らはあんなに儲かっているのに、なぜそんなに税金を払いたくないのでしょう？　税金を払えば、その国は社会インフラを整備したり教育制度を整えます。結果として豊かになった国民は、アップルやアマゾンのよい顧客になるのです。だから長期的には納税行為にもリターンは期待できます。それなのになぜ、あそこまで大規模な租税回避を続けるのでしょうか？

単に利益を増やし、株価を上げたいだけでしょうか？　それもないとは言いません。でも私には、彼らが税金をできるだけ圧縮したいと考えるその根底には、「自分たちのほうが国家組織よりもお金の使い方に関する生産性が高い」という自負があるのかもしれないと思えるのです。

グーグルが1000億円を自分たちで人工知能やゲノム解析や自動運転車の研究開発に使うのと、アメリカ政府に納税して無人攻撃機や爆弾代として使われたり、日本政府に納めて地域再生の資金としてバラまかれたりすることを比べたら、お金という資源の生産性はどちらが高いでしょう？

「どちらのお金がより高い価値を生んでいるか。有効に活用されているか」という視点で考えると、彼らの納税意欲が極めて低くなるのも仕方のないことのように思えるのです。

アップルが作り出したｉＰｈｏｎｅのおかげで、私たちの生活がどれほど豊かになったか考えてみてください。自分や家族が病気になったとき、グーグルのおかげですぐに治療法や同じ病気の患者の体験記が見つけられるようになったし、あと10年もすれば体が不自由な高齢者でも車で移動できるようになりそうなのです。納税先としてこれらの企業と国家を自由に選択できる制度があったら、みんなどっちを選ぶのでしょう？

節税してもそのお金を貯め込んでいるだけの日本企業には、しっかり税金を納めてもらいたいと思います。でも、アマゾンやグーグルが次々と投資をしている分野、そしてそこから生み出される驚異的な成果を見ていると、世界全体のお金の使い方としては彼らに納税をさせるより、研究開発のために自由に使ってもらったほうが人類のためになるのではないか、だってそのほうがはるかに生産性が高いじゃん、と思えたりもするのです。

同床異夢のベーシックインカム論

言葉にしたのはこの本が最初かもしれませんが、社会の高生産性シフトが急速に進むと気づいている人は少なくありません。そして最近、そういう人の多くが、ベーシックインカム制度の必要性を語り始めています。このため同制度を推進すべしと唱える人の中には、目指す場所がまったく異なる、ふたつのグループが形成され始めているのです。

ベーシックインカムとは、保有資産や所得の高低にかかわらず、全国民に最低限の生活が可能になる金額の現金を、毎月配布する制度です。そんなことは不可能だと思われるかもしれませんが、この制度が導入されれば年金も失業保険も生活保護も不要となり、そのための予算、ならびに、これらの制度を維持するために働いている人の人件費もすべて不要になる（たとえば全国にある年金事務所も役所の生活保護課もすべて不要になる）ので、財源はなんとか確保できると試算する人もいます。

実際に2016年には、スイスで大人ひとりに月27万円（＝2500スイスフラン。子供には625スイスフランで約6万5000円）を現金支給するベーシックインカム制度の導入の是非を問う国民投票が行なわれました。結果は否決されましたが、現実の社会においてもすでに検討が始まっています。

早くからこの制度に賛成している人の中には、福祉充実派の人たちがたくさんいます。生活保護はプライドがあって受け取りたくないと考える人もいるし、審査があるため必要性が高いのに拒否される人もいます。でもベーシックインカムなら全員がもらえるので気も楽だし、審査もなく全員に行き渡るからです。

これに対して最近出てきているのは、福祉制度としてではなく、生産性の低い人を労働市場から排除するためのベーシックインカム論です。――どういうことかわかりますか？前提にあるのは、社会の生産性がめちゃくちゃに上がれば、ごく一部の人が働くだけで全員が食べていける社会になるという話です。だから大半の人は働かなくても国からベーシックインカムがもらえるようになると。

そんな時代は来るはずがないと思いますか？　でも、そうでもないのです。日本では江戸時代、人口の9割＝数千万人が農民でした。それなのにしょっちゅう飢饉が起こり、地方では餓死する人もいるほどでした。ところが今や日本で農業に従事しているのは、200万人ほどにすぎません。

日本は食料自給率が低いと言われますが、主食の米は今も100%自給です（むしろ余り気味で困っています）。200万人の中には野菜や果物だけを作る農家も含まれているので、実際にはもっと少ない人数で日本人全員分の米は作られています。

このように農業の生産性は、江戸時代に比べて何十倍も高くなったわけですが、今後もまだまだその生産性は上がります。ロボットが種をまき、画像で田畑の様子を確認した人工知能が農薬散布の時期と量を決めてドローンに指示を出すようになるまで、そんなに長くはかからないでしょう。そうして米作りの生産性が今の10倍になれば、200万人どころかたった20万人で日本人全員が食べても余るほどの米が作れるようになるのです。ちなみに20万人というのは、私のツイッターのフォロワー数レベルの人数です。

農水省は農家の人数を維持したいのでしょうが、消費者としては農業従事者の人数が減っても、同じ量の作物がとれるなら問題ありません。農家は人手不足だと言われていますが、人手不足なのは生産性の低い農法のままだからです。

日本人全員分の米が、すでにごくわずかな人が働くだけで全量まかなえるところまで来ている。これと同じことが他の食物や、工業製品、そしてサービス業でも起これば、ごく少ない人数が働くだけで冷蔵庫も自動車も製造でき、レストランもコンビニも無人営業となって小売店で働く人も不要になり、アマゾンで買った商品が自動運転のトラックで運ばれてきて、最後はロボットが家の前まで届けてくれるようになる……そうすれば誰も働かなくてすむ世界が本当にやってきます。

もちろん働きたい人は働けばいいし、そういったシステムを作るという仕事は残ります。つまり、社会を高生産性化させていくしくみに関わる人だけが働き、それ以外の人の仕事は消えていくのです。

「働かないでほしい」と望まれる人たち

もうひとつ、情け容赦のない話を書いておきましょう。実は今、働いている人の中には、その仕事の価値がゼロ以上の人と、マイナスの人がいます。

たとえば生産性の低い産業を守るために余計な規制を作っているような人——こういう人は働かないでいてくれたほうが、社会全体に生み出される価値が大きくなります。人気企業家を微罪（見せしめ？）で逮捕、起訴するような警察や検察官、粉飾決算をしてまで

図3　仕事の価値がマイナスの人の社会コスト

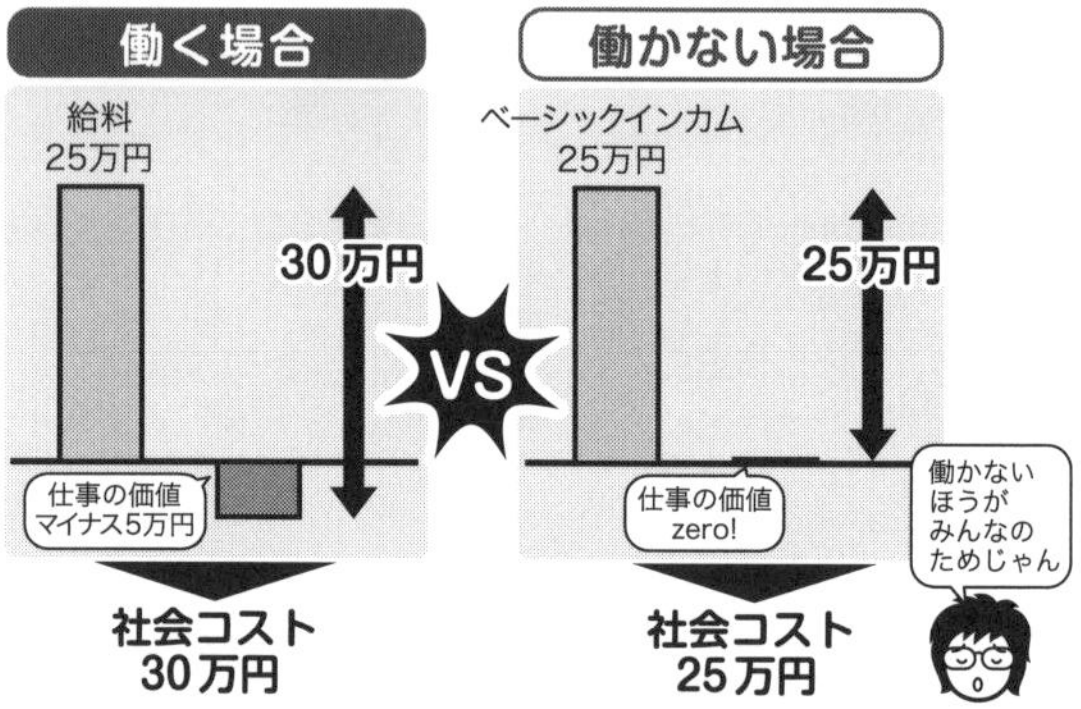

将来性も競争力もないビジネスに有能な技術者を投入し続ける経営者や、生産性を高める新技術の導入に全力を挙げて反対する既得権益者たち。彼らも、社会に及ぼすその価値はマイナスです。

だったらそういう人には、今と同じだけの給与を払うので、働くのは止めてもらう——そうするほうが社会全体としてはトクだということになります（図3）。

ベーシックインカム制度を導入したとき、そういう（働くことで社会にマイナスの価値を出している）人の一部でも「働かなくても金がもらえるならオレは働かない！」と考えてくれるなら、社会全体としてはそのほうがトクになります。つまり価値を出していない人は今後、「給与分の金は払うから働かないでくれよ」と頼まれる時代がくるのです。

資本主義は弱肉強食だと言われますが、現代社会における強者は、弱者の肉を食べたいと思っているわけではありません。彼らは単にとことんまで生産性を上げたいだけです。でも世の中には新技術や新制度が嫌いで、すぐに反対運動をする人たちがいます。自分の分野で生産性が上がれば、生産性の低い自分の働く場所がなくなってしまうと不安にかられるからでしょう。

高生産性社会を志向する人がベーシックインカム制度に賛成するのは、それが福祉制度として優れているからではなく、そうした生産性向上への反対論者に邪魔をされたくないからです。だから「生活費は渡すから遊んでいてくれ。仕事をすることで、人の邪魔をしないでくれ」と伝えられるベーシックインカム制度を歓迎しているのです。

身も蓋もない話を書いてしまいましたが、社会が高生産性シフトを起こすというのは、極端に言えばこういうことです。生産性の低い人はどこかの段階で「あなたは働かなくていいです。あっ、もちろん生活費はお渡しします」と言われる時代がやってきてしまう。

そう言われたくなければ、やることはひとつです。とにかく生産性を上げるしかありません。働かなくても給与（ベーシックインカム）がもらえれば幸せだという人もいるでしょうが、一方で、「金は払うから働かないでくれ」などと言われたら、嬉しいとは思えない人もたくさんいるはずです。なにより人生が長すぎて困るでしょう。

大半の人が働かなくてもいいくらい生産性の高い社会が実現するかもしれない今、私たちにはなにが求められるのか？　それが本書のテーマなのです。

文字（テキスト）が持つ価値

ちなみに私が「判断基準としての生産性」の重要性に気づいたのは、YouTuberとして生計を立てる人が出てきたときのことです。大人気YouTuberの動画を観ながら、私は残念でなりませんでした。私の強みは文章力にあるので、今はブログや本でメッセージを伝えています。でも動画や漫画に比べて文字＝テキスト分野は、とても不利に思えました。地味で市場規模も小さい。日本語が読める人にしか伝わらない。ああ残念だ。あとウン十年遅く生まれていたら、私もYouTuberを目指したのに！と思えたのです。

でもあるとき文字（テキスト）の生産性の高さに気づいた私は、すっかり気分がよくなりました。当然ですが、2時間の対談を聞くには2時間の時間がかかります。聞き取れる程度に早送り再生をしても、1時間以上はかかるでしょう。

でも、2時間分の対談の書き起こし原稿が手元にあったら、多くの人は30分もかからず、全体の主旨を理解することができます。速い人なら15分ほどで理解できるでしょう。これはテキストの生産性が動画より4倍から8倍も高いことを意味しています。

漫画や動画はわかりやすく、ラクに（受動的に）見ることができます。でも、「伝える」という意味では、テキストの生産性は圧倒的に高い。特に伝えたいメッセージが難解な場合には、ものすごく生産性の高いツールなのです。

だから今後、動画撮影やその編集がいくら簡単になっても、みんながみんなYouTuberになってしまってブログを書く人がいなくなったり、本がなくなって、すべてが動画や映像番組で伝えられるようになるとは思いません。社会の高生産性シフトというトレンドに照らして考えても、テキストベースの表現ツールはとても有利な位置にあるのです。

ちなみにテレビ番組を観る若者が減っているのも、頭出しもできず、自分の空き時間にサクッと観ることもできない、あまりに生産性の低い（時間という希少資源を有効活用するどころか、視聴者の貴重な時間を無駄にする）システムだからです。

テレビを観る人が減っている理由を「番組がおもしろくないから」などと考えるのはまったく当たっていません。テレビにもネットにも漫画にも本にも、すごくおもしろいものとおもしろくないものがあります。しかもどの分野であれ、つまらないもののほうが圧倒的に多いんです。テレビとネットの違いは、そこではありません。

単に、検索も頭出しもできないテレビ放送というフォーマットがあまりに生産性が低いので、高生産性シフトの起こるこれからの社会では生き残っていけないという話なのです。

長文メールを書く人はなぜ嫌われるのか？

堀江貴文さんは、彼が運営するフェイスブックのコミュニティに長文メッセージを書き込む人に対して「相手の時間を奪うな」と怒るそうです。私も、長文メールを送ってくる人には（メールが長すぎるという理由で）返事もしないし、ましてや絶対に会ったりもしません。地方再生の専門家である木下斉さんは、「とりあえずご挨拶を」と言ってくる人には一切会わないと明言されています。どれも、生産性を重視する人の行動様式がよくわかるポリシーです。

やたらと長いメールを送ってくる人や、「とりあえずご挨拶を」と言ってくる人は、それだけで、生産性の概念を持たない人だとわかります。自分の時間の貴重さに気づいていないため、他者の時間の貴重さにも無頓着なのです。このため生産性に敏感な人たちは、彼らに会う前から、「こういう生産性を理解しない人とは一緒に仕事をしたくない」と判断してしまいます。

生産性の高い人たちは、生産性の意識を持っている人、そして、生産性は高いほうがいいのだとわかっている人だけと付き合いたい、一緒に仕事をしたいと思い始めています。だから（厳しい言い方ですが）生産性への意識が低いことを自分の言動によって示してしまうと、それだけで排除されてしまう時代になっているのです。

シェアエコノミーの本質

生産性が高まると、あらゆる貴重な資源が高いレベルで有効活用されるようになります。今までなら洋服に関しては、ウエディングドレスやタキシードくらいしかレンタルされていませんでした。しかし最近は、普段着まで借りて着るシステムが登場しています。シェアエコノミーとは、高生産性シフトという大きな流れのなかで出てきたビジネスなのです。

ほかにも今はまだ、有効活用されずに放置されている貴重な資源がたくさんあります。たとえば学校のグラウンドや校舎、歯科医院や美容院の店舗、レストランなどの施設は、どれも営業時間以外はまったく活用されていません。

歯科医院や美容院を新規開業しようとすれば、数千万円もの内装費や設備代、保証金がかかります。それなのにできあがった店舗は、1日の半分しか利用されていないのです。

もしふたりの美容師がひとつの美容院を、朝と夜の12時間ずつに分けて借りられたらどうなるでしょう？　都会では夜遅くや早朝に美容院に行きたい人もたくさんいますよね？

そういう場所では家賃も高いのだから、24時間をふたりの美容師が分けて使えば、家賃負担は半分ですみます。そしてスペースも設備も今の倍、有効活用されます。

今存在しているのは、ビルの会議室や社用車、社内のイベントホールなどを貸し出すサービスくらいですが、今後はそういった店舗のシェアビジネスも始まるでしょう。

ご存じのように、地球は南半球と北半球で夏と冬が反対です。北半球の人は夏の間、冬服を活用せず、自宅のクローゼットに放置していますが、将来は、その冬服が夏の間だけ（冬である南半球に送られて）活用される、といったことさえ起こるかもしれません。そうなれば、洋服という資源の活用度レベル＝生産性も今の倍になるのです。

そんなことありえないって？　そう言い切れる人は勇気があります。私は次の20年の間に「絶対に起こらない」と言えることなどひとつもありません。過去20年で、世の中はそれくらい大きく変わってきたからです。

社会と個人が進むべき方向

こうして生産性が上がると、今までと同じ量の資源から、今よりはるかに多い量の価値が生み出されるようになります。それは誰にとっても幸運なことです。自分の時間やお金や所有物が有効活用されて、損をする人はいません。生産性の高さが個人の市場価値を決め、企業の生産性のレベルが企業価値を決めます。そして社会の生産性の高さが、その国の経済規模と成長率を決めるのです。

前述したように、社会の高生産性シフトは今に始まったことではなく、産業革命で人力と馬力が蒸気機関に置き換えられたときから始まっていました。しかしそのスピードと範囲は、ここに来て一気に拡大しています。

その最大の理由がインターネットをはじめとするデジタル技術であり、スマホやドローンなどデジタル技術を活かすさまざまなハードの開発です。さらに今後は、人工知能からＩｏＴ（Internet of Things）、そして遺伝子工学まで、高生産性シフトを強力に推進するであろう技術が次々と実用レベルにまで降りてきます。

私が今、生産性について理解しましょう、生産性を上げましょうと勧める理由は、さっさと仕事をすませ、効率のいい生活を送りましょう、と言いたいからだけではありません。ものごとを生産性という視点で見るクセをつけないと、これからの社会において正しい方向判断ができなくなると思うからです。

その典型例が前述した教育投資です。「教育投資が報われる」というのは、「学校への投資が報われる」という意味と同じではありません。一定の教育効果=成果を得るための手段として、学校に通うことの生産性が極めて低くなりつつあるということを理解しておかないと、多大な希少資源が無駄になってしまいます。

職業選択を含めた自分の人生の選択においても、仕事の進め方についても、そして社会のあり方を考えるときにも、ゼロよりマシなものに対して「価値がある」と判断し、貴重な時間やお金を投入していては、いくら時間やお金があっても足りません。結果として「お金が足りない。時間が足りない」と愚痴りながら生きていくことになります。

そうではなく、なにをやるにしても自分の貴重な資源を最大限に有効活用できる生産性の高い方法を見極め、可能な限り高い成果を得る、そういう方法を身につけないと、やりたいコトをすべてをやれる人生は手に入りません。

大事なことは日々生産性を意識し、仕事や生活の生産性を高める方法をトライアンドエラーで身につけていくことです。

序章に出てきた4人は、みんな目の前の生活に追いまくられています。こんな状態を続けていてはお話になりません。彼らはまず、自分の問題の源が「生産性が低いこと」だと理解する必要があります。

昇格後の正樹の労働時間が長いのは、生産性が低いからです。彼の生産性は、未だ昇格していない同期よりは高いのでしょう。しかしそれは、マネージャーというポジションに求められるレベルには、まだ達していません。だから管理職としてアップアップの状態に陥っているのです。

「ケイコは時短勤務にもかかわらず高い実績を上げている。生産性は高いのでは？」と思われるかもしれません。たしかに彼女は、仕事においては生産性の高い働き方を実現しています。けれど生活全体でみれば、彼女もまたやるべきコトをすべて終わらせるためには、自分の睡眠時間を削るのが「母親の務め」だと考えています。これは、仕事が終わらないから睡眠時間を削って残業をする会社員とまったく同じです。

陽子に至っては、長らく生産性なんかより、最低限の収入確保を優先せざるをえない環境で働いてきました。それは就職氷河期や、売り込みが必要な駆け出しのフリーランスだった時期には「やむをえない選択」だったかもしれません。しかしこのままでは、陽子は一生、その呪縛《じゅばく》から逃れられません。

勇二の会社で働く社員も、生産性を理解していません。彼らの多くは「体を速く動かすこと」が生産性の高い働き方だと思っています。たとえば、眼球を速く動かして書類を（10分ではなく）5分で読むとか、指を速く動かして、資料を（1時間ではなく）40分でタイプするのが、生産性の高い働き方だと思っているのです。勇二ら経営陣が、生産性の正しい定義について周知できていないからでしょう。

指や目を速く動かして仕事を速くするなどという方法には、すぐに限界がきます。慌てて失敗する可能性も高まります。しかも少々タイピングが速くなっても、さらなる事業拡大で今よりやるべきことが増えたら……結局はまた睡眠時間を削って時間を投入することになってしまいます。

創業から間もないスタートアップ企業では、経営者もスタッフも朝から晩まで、長期休暇どころか土日も関係なく、時にはオフィスに泊まり込んで働くことも珍しくありません。こういった環境は、ある程度は「仕方のないこと」かもしれません。

しかしスタートアップ企業の中には、「全員の生産性が低いまま、長時間働いている企業」の他に、「全員が高い生産性を維持しながら、長時間働いている企業」もあります。外からの見た目は同じですが、ふたつの会社が達成できる成果は大きく異なります。

生産性が高く、かつ労働時間が長い企業は、他の企業を圧倒するスピードで事業を拡大し、成長することができます。一方、生産性を上げることなく長時間労働を続ける企業は、ブラック企業への道をまっしぐらです。それでは成果も出ないまま、みんなで疲弊してしまうだけです。

もし４人がこれからも生産性の概念を理解することなく、目の前の問題を今まで通り「さらに時間を投入することで解決しよう！」とか「手足を速く動かして解決しよう！」と考え続ければ、彼ら自身も気づき始めているように、その生活はどこかで破綻してしまいます。

体が病気になるか心が病気になるか、もしくは、突発的な事態に対応できず、部下やパートナー、家族や仕事仲間との関係性が壊れてしまうか。なにが起こるかはわかりませんが、いずれも持続可能とは言い難い状況に陥ってしまいます。

彼らの「忙しすぎる」という問題の本質は、低すぎる生産性にあるのです。

というわけで、さっそく生産性を上げるための方法を説明しましょう！

ちょっと待って！
たしかに生産性は大事
かもしれないけど……
でも、それってボクの
仕事にも関係あるの？
うーん……
生産性なんて高めたら、
結局今よりドタバタと
忙しい生活になりそうで
ちょっと怖い
前に勤めていたヒドい
会社の社長がよく“生産性
生産性”って言ってたから
あんまりいいイメージが
ないんですけど
ベンチャーの場合、あれこれ
やっているうちに新しい事業
のネタが見つかることもよく
あるんです。
だから生産性ばっかり気にす
るのはちょっと……
あらら。4人ともずいぶん懐疑的ですね。
たしかに家庭やホワイトカラーの仕事に
生産性を持ち込むのは、まだ抵抗が大きい
かもしれません。では予定を変更し、先に
みなさんの質問に答えていきましょう！

第2章

よくある誤解

楽しくない？

前章で述べたように、高生産性シフトはこれからの社会のトレンドを表すキーワードです。とはいえ、生産性を高める新たな技術やサービスに心からワクワクする人もいれば、「生産性」という言葉がなんとなく嫌いだという人、生産性を上げたいなんてまったく思わないという人もいます。

これは、『マーケット感覚を身につけよう』で取り上げた「社会の市場化」についての反応とまったく同じです。市場化する社会に対してマーケット感覚を身につけましょうと言っても、「お金儲けの話？」「投資やビジネスの話ですよね？」などと誤解したり、自分には関係のない話だと決めつけてしまう人もいました。

でも市場化も高生産性シフトも、フツーに生きていきたいと考えているフツーの人の生活にも大きな影響を及ぼします。「自分には関係ない」「どうせできるわけがない」などと最初から諦めてしまうのは、とてももったいないないし危険なのです。

序章に出てきた４人もまだ「生産性」という言葉にいまひとつ納得できていないようなので、彼らとの質疑応答を通して、みなさんにもぜひこの概念の重要さと意義を理解していただければと思います。

私が手に入れたいのは、ゆとりのある生活なんです。生産性なんて上げても忙しくなるだけでしょ?

「生産性の高い生活」と聞けば、ケイコの頭には休む間もなく1日中テキパキと働き続ける人の姿が浮かぶのでしょう。たしかにそれでは「ゆとりのある生活」とは真逆に思えてしまいます。でも本当は、ケイコが望むゆとりある生活を実現するためにこそ、生産性を高める必要があるんです。

図4を見てください。生産性が高い人を上の段、生産性の低い人を下の段に分けています。加えて、自分の時間を複数のコトに分散投入している人を左側、反対に、全部の時間をひとつのコトに全投入している人を右側に分けました。

右上の「高い生産性+ひとつのコトに時間を全投入する」というボックスに入るのは、世界を目指す企業家や、世界トップを目指すアスリート、それに音楽家や勝負師など、なんらかの分野で頂点を目指す人たちです。

彼らは自分が持っている時間の大半をその目標のために投入します。しかも、投入する時間の生産性は、極限まで高める必要があります。そうしないと、とても世界と勝負でき

図４　生産性の高低と時間配分の組合せ

たりはしないのです。

それは、自分が心から好きなことに没頭できる幸せな人生であると同時に、とても厳しい生き方でもあります。

でも、生産性が高い人のすべてがそういう生活を送っているわけではありません。世の中の大半の人は、そこまでスゴいことを目標にしてはいないし、1日中、生産性の高い状態を続けていたら、すぐに燃え尽きてしまいます。

私自身が目指しており、かつケイコにお勧めしたいのは、右上ではなく左上のボックスです。ここは、生産性は高いけれどあまり目標を高くしすぎず（家族がみんな元気で楽しければそれでいいというレベルの目標を持っ

図5 一般の人が目指すべき場所

て）ゆったり生きていこうという人が目指すべき領域です（図5）。

目標は高くないのになぜ生産性を上げる必要があるかといえば、生産性が低いと1日中忙しく働く必要が出てくるからです。ゆったりした生活を送ろうと思えば、生活に必要な家事、食べていくのに必要な仕事などをできるだけ高い生産性で＝短い時間で終わらせ、残りの時間は家族と過ごしたり個人の趣味に使うというメリハリ型の生活スタイルを目指す必要があります。これが大半の人にとって、もっとも楽しく暮らせる（生産性の高い）生活スタイルなのです。

生産性が低いと、下段にあるボックスにしか入れません。右下のボックスには、生産性が低いため大量の時間を仕事に投入せざるをえない人が入っています。今の正樹や陽子ですね。

左下には、「生産性は低いが、あまり働きたくもない」という人が入ります。通常はここを選択すると自立不可能な状態に陥ってしまい、借金に頼らざるをえなくなります。ただ最近は、里山で自給自足をする人や、シェアハウスに住んで生活費を抑え、最低限の生活で十分という人も出てきています。他にも、親の膨大な遺産があるという人なら、この領域を選ぶこともできるでしょう。

しかし普通に人生を楽しみたい大半の人にとっては、右であれ左であれ、下側のボックスを選ぶ意味はありません。目指すべきは上側の高生産性生活なのです。

今回、「生活の生産性を上げよう！」と言われたケイコは、右上のボックスを目指せと言われたように感じたのでしょう。

でもそうではありません。右上を選ぶか左上を選ぶかは価値観の問題なので、個々人が好きなほうを選べばいいのです。

でも、上下に関しては上のほうがいいに決まっています。ケイコも陽子も世捨て人のような生活を希望しているわけではありません。それなら「生産性が高いほうがいいか、それとも低いほうがいいか」などという問いはナンセンスなのです。

最近は早期引退を希望する人も増えていますが、これも生産性を上げなければ実現できません。25歳から65歳まで40年間働くとして、働く生産性を3割上げることができれば、

・1年に500万円稼ぐ×40年＝2億円

＝

・1年に（500万円×1・3倍＝）650万円稼ぐ×30・8年＝2億円

となり、9年以上早く引退できます。

これも時系列にメリハリをつけた、「ゆとりのある高生産な生き方」のひとつです。

このように生活にゆとりを取り戻したい人ほど、まずは生産性を上げることが必要となります。自分のやりたいことに使える時間をきちんと確保したい、ゆったりと休める時間をもっと長く確保したい――そう思うなら、しっかりと継続的に生産性を上げていけるよう常に心がけましょう。

クリエイティブになれない？

ボクの仕事はこう見えてけっこうクリエイティブなんです。工場で働いてる人なら生産性が大事なんだろうけど、ボクにはイマイチ関係がなさそう……

これもよく聞く誤解ですね。クリエイティビティを求められる仕事についている人は、生産性なんて気にしないほうがいいのでしょうか？

ここで少し考えてみてください。自分がクリエイティビティを最大限に発揮したいと思ったら、どんな環境に身を置くのがいいと思いますか？

アーティストなど高いクリエイティビティを求められる人の中には、森の中の別荘や海の近くのリゾートホテルを創作の場として選んだり、人の手が入っていない秘境エリアを訪れ、新しい着想を得ようとする人などがたくさんいます。

彼らはお金と時間が余っているから遊んでいるのではなく、都会とはまったく異なる非日常の環境に身を置くことで今までにない発想を得ようと、わざわざそういう場所に移動しているのです。別の言い方をすれば、「クリエイティブワークの生産性をできる限り高めるために、自然の中に身を置くという方法を意識的に選んでいる」のです。

このように、「クリエイティビティを発揮すること」「ゼロから思考すること」「イノベーションを起こすこと」「リラックスしてストレスを発散すること」といった生産性とはまったく無縁に見える目的を達するためにも、生産性の高い方法が（もちろん生産性の低い方法も）存在しています。

大前研一さんはその著書『大前研一 敗戦記』の中で、日立製作所で研究者として働いていた頃、自分のデスクを離れて社内の敷地を散歩しながら考えていたら、勤労部からさぼっているようにみえるからやめてくれと怒られ、「自分は頭の中で考えてここ（裏庭）でも仕事をしているんですよ」と答えたエピソードを紹介しています。

おそらく彼は、狭いオフィスで1日中（当時はパソコンもない時代なので、本やノートを拡げて）机に向かっているより、散歩でもしながら考えたほうがよほど思考の生産性が高いと思ったのでしょう。

「思考の生産性を高めるために散歩をする」という働き方を受け入れられない会社では、「思考するのにもっとも生産性の高い方法はなにか？」という発想は出てきません。

外資系企業では戦略会議などをオフサイトミーティングと呼び、リゾート地で開催することがよくあります。これらも「仕事にかこつけた遊び」ではなく、議論の生産性を高めるための工夫です。

いつもとは異なる環境に身を置き、ラクでカジュアルな服装で話し合えば、オフィスの会議室で話すより自由闊達な議論が行なわれ、大胆なアイデアや忌憚のない意見も出やすくなる。上下関係の意識も希薄になり、社長や役員にでも自分の意見が言いやすくなる＝議論の成果が出やすい＝議論の生産性が高い、と考えるからわざわざ時間や費用を投資して、オフィス外で議論をするのです。

このように、目的がイノベーションであってもクリエイティビティの発揮であっても、もしくは議論であっても、常に「どんな方法を採用すれば、もっとも生産性が高いか」と考えることが必要です。そこには「生産性を追求するとクリエイティビティが発揮されにくくなる」などといった関係はありません。

個人でも同じです。「いやなコトがあったから早く忘れたい」とか「考えすぎてアタマがぼうっとしてきたから、緊張をほぐしたい」というようなとき、「もっとも短い時間でその目的が達成できる生産性の高い方法はなんだろう？」と考えればいいのです。

私の場合は温泉や海など水の中に入ると一気にリラックスできるので、書籍の構想など大きなことを考えるときは、よくビーチリゾートに出かけます。他にも、朝一番にジョギングをすることが最良のリラックスになるという人もいるだろうし、夜にお酒を飲みながら音楽を聴くのが一番という人もいるでしょう。

ストレス解消法も、コンサートやカラオケで大声を出せばストレスが吹っ飛ぶという人、甘い物を食べるとすぐに満足できるという人、大量の買い物をするとすぐ気分が晴れるという人など、人によって「生産性の高いストレス解消法」は異なります。

だから自分にとってもっとも生産性の高い方法を理解しておき、落ち込んだときやイライラが募ったときに意識的にその方法を使えば、気分転換やリラックス感といった「手に入れたい成果」を高い生産性で手に入れることができるのです。

さらに「生産性を高める効果が大きい要素」を特定することができれば、より生産性の高い方法を見つけられます。たとえば女性によく使われる「買い物でストレスを発散する」という方法。

ストレス発散の生産性にもっとも影響を与える要素が、

「使ったお金の額なのか」

「買ったモノの数なのか」

「買ったモノの種類なのか」

と考えるのです。

もし10万円のコートを1枚買って帰った日より、3万円のワンピースを3枚、次々と1日で買った日のほうがストレス発散の効果が高かったとしたら、ストレスを発散させるのは「使った額」ではなく「あれも買う！　これも買おう！　あっ、これもいいねー！」といった購買経験だと気づくことができます。


あるときそれに気づいた私は、「ストレス発散のためのもっとも生産性の高い方法は、格安店でたくさんのモノを買うという方法ではないか？」と仮説を立て、まずは100円ショップで、その次にはユニクロで爆買いをしてみました。

すると、ごく限られた予算で、大幅にストレスが発散できたのです。100円ショップでは買い物カゴ満杯に商品を詰め込んでも、5000円にも達しません。買ったもののうち半分は大して要りもしないものでしたが、安いので後悔も少ないし、捨てるのも簡単です。5000円はストレス発散のための費用なので、50個のうちいくつかでも使えるものがあれば、それで十分です。

もし「洋服を買わないとストレス発散ができない」というならユニクロやH&Mで爆買

いすればいいし、「化粧品を買うのが一番のストレス解消法！」というならドン・キホーテやドラッグストアであれこれ買えばいいでしょう。

「お酒を飲めばストレスを解消できる！」という人も、「どこでどんなお酒を飲むのがもっとも生産性の高いストレス解消法なのか」と事前に考えておけば、イライラしたときに突発的に高いお店に飛びこんでしまうことも減るかもしれません。

このように、「今、自分が手に入れたいモノを手に入れるための、もっとも生産性の高い方法はなんなのか？」と問い続けていれば、なにをするにも生産性がどんどん高くなります。手に入れたいのが物理的なモノだけではなく、「安らぎ」や「気分転換」であったり、「革新的なアイデア」や「ユニークな発想」であっても同じです。

なにを手に入れるにしても生産性の高い方法と生産性の低い方法があるのですから、「これを手に入れるための、もっとも生産性の高い方法はなんだろう？」と常日頃から意識的に考える癖をつければ、限られた時間やお金、そしてエネルギーを最大限に有効活用でき、欲しいモノを手っ取り早く手に入れられるようになるのです。

偶然の出会いを逃す？

ボクが尊敬するスティーブ・ジョブズ氏は、若い頃にやっていたいろいろなコトが、将来つながってくると言っていました。
世の中には偶然の出会いから素晴らしいモノが生まれるコトもありますよね？
生産性を重視しすぎると、そういうモノが得られなくなるのでは？

アップルの創業者ジョブズ氏は、大学のときにたまたま出た授業でカリグラフィ（西洋や中東での文字を美しくみせる書法）と出会い、それが後にアップルコンピュータでの「ギザギザのない美しいフォント」につながったという話を「コネクティング・ザ・ドッツ」＝「点と点をつなげる」という言葉を使って説明しています。最初はなんの関係もないように思えたバラバラの点が、将来つながって線となり面となるという話です。

こういった例は他にもたくさんあるし、とても大事なことだと思います。でもこの話は本当に、「生産性などいっさい気にする必要はない」という話なのでしょうか？

ここにふたりの学生がいたとします。ふたりとも将来の進路が定まっておらず、大学に通う傍ら将来の進路を考えています。

Aさんは必要な授業にだけ出て、残りの時間で数多くの人に会っています。本も電子書籍で購入し、隙間時間に読んでしまいます。バイト先で会う人からも積極的に話を聞き、稼いだお金で旅行もしています。一方のBさんはすべての授業に出て、バイトもせずマジメに勉強しています。

さて、将来「コネクティング・ザ・ドッツ」が大きな成果を生みやすいのは、ふたりのうちどちらでしょう？　どう考えてもAさんのほうが、経験投資が実を結びやすそうですよね。

これは、Aさんの「いろいろやってみながら、自分のやりたいことを探す」というプロセスの生産性がBさんより高いからです。そのため短期間にたくさんの〝点〟を集めることができ、将来、それらの点が結ばれて線や面を構成し、大きな成果となる可能性も高まるのです。

将来は研究者になると決めているなど、すでに進路について迷いのない学生なら、Bさんのような生活が向いているでしょう。でも将来の道に迷っている学生にとっては、Bさんの生活スタイルは必ずしも生産性が高いとは言えません。

　ひとつのことに集中せず、脈絡なくいろいろなことに首を突っ込む人について、「生産性が低い」と考える人がいますが、それは誤解です。生産性とは集中度のことではありません。生産性とはあくまで「自分が手に入れたいもの」をいかに少ない投入資源で手に入れられたか、という指標です。

　たとえ他者からみれば「バラバラのいろいろなこと」であっても、将来の道を決めるため、今はできるだけ多様なモノに触れてみたいと考えているAさんにとっては、それこそが手に入れたいものであり、その行動は決して生産性向上と矛盾するものではないのです。

人に優しくない？

学生時代、外食チェーンでバイトをしてたんですけど、雨が降ると店長から電話がかかってきて「今日は雨で客が少ないからバイトには来なくていい」って言われるんです。その店長の口癖が「生産性」だったんで、この言葉にはあまりいい印象がないんですよね……

こういう人がいるから「生産性を上げること」がまるで悪いことのように思われてしまう。本当に迷惑なことです。

ファストフード店が当日の忙しさに応じ、突然にアルバイトの予定をキャンセルしたり、反対に突然バイト時間を延長したりすると、店側の生産性は上がります。しかしそれは、アルバイトが得るはずだったバイト料を犠牲にして、もしくは、アルバイトの人が突然の残業を強いられ、スケジュールの自由度を失うことによって捻出された価値が店側に移転しただけです。

他にも新入社員を10人適当に（＝採用コストをかけずに）雇い、なんの訓練も教育も行なわないまま働かせたうえ、仕事の遅い人をすぐに解雇する、といったことを続けても、（違法ですが）企業の生産性は上がります。しかしこれも、新入社員のキャリアを犠牲にして企業の生産性を上げているだけです。

このように「他の人を犠牲にして自分の生産性を上げる」のは、正しい生産性の上げ方ではありません。なぜなら、そんな生産性の上げ方は、長くは続けられないからです。

正しい生産性の上げ方とは、資源を今より有効に活用し、得られる成果（価値）の総量を増やすことです（図6）。ファストフード店のアルバイト管理であれば、天気やイベントなどの情報をビッグデータで解析し、日々の客数をできるだけ正確に予測することで事

図6　正しい生産性の上げ方

前に過不足のないアルバイトの配置を行なうのが、正しい生産性の上げ方です。

また、仕事の覚えが遅い新人をすぐに解雇するのではなく、新人の「作業が遅い理由」を分析し、効果のある研修を設計して実施することにより、迅速に新人のスキルアップを図るのも正しい方法です。

自分の生産性を上げるため他人の貴重な資源（お金や時間）を犠牲にするような人や会社を頻繁に目にしてしまうと、陽子のように「生産性という言葉には用心が必要だ」と考える人が増えてしまいます。なかには「生産性なんて上げても得をするのは経営者だけで、働いている人にはなんの利益もない」と言い切る人さえいます。

そういう人は誤った生産性の概念を刷り込まれてしまったことで、これからの人生において自分の生産性を上げようとも考えなくなってしまいます。でもそれでは、その人自身が手に入れられるはずの成果も減ってしまいます。

「正しい生産性の向上」は、私たちの生活を豊かにするために必須なのだということを、ぜひ理解してください。生産性という言葉を否定的に誤解してしまうと、自分の人生の時間やお金が有効活用されないままになり、自分が得られるものが減ってしまうのです。

生産性が高くて「よくない理由」など存在しません。
ビジネスパーソンだけでなく、芸術家や福祉に携わる人、専業主婦なども含め、誰であれ生産性を上げて損をしたりはしないのです。
いいですか、みなさん！
以上、みなさんの心配や誤解が解消されたところで次章に移り、生産性を上げるための具体的な方法の説明に入っていきたいと思います！

ちょっと待った！

うわっ！　なんですか??　あなたは誰？

良夫です。ボクにはまだ納得できません。ボクみたいになんの取り柄もないフツーのサラリーマンから見ると、生産性を高めてもいいことなんてひとつもありません！

……そんなことはないと思うんだけど……

わかりました。とりあえずお話を伺いましょう。こちらへどうぞ！

第3章

どんな仕事がなくなるの!?

こんな働き方、していませんか？

「フツーの人」である良夫と話す前に、フツーの会社にいるフツーの人たちの働き方を見てみましょう。そこには、日常的にこういう働き方をしている人がたくさんいるのです。

- 朝からずっと忙しく働いている
↓
- ふと気がつくと夕方の5時になっている
↓
- 明日必要な資料なのにまったくもって〝イマイチなもの〟しかできていない
↓
- なので夕方の5時から、当然のように頑張り始める
↓
- いつのまにか夜の9時になっている
↓

- ある程度はよくなったが、もう少し「頑張れば」さらによくなるんじゃないかと思う
↓
- なので夜の9時から、当然のように頑張り始める
↓
- ふと時計を見ると、夜中の12時を過ぎている
↓
- 「はっ!」と驚き、頑張るのをやめて帰宅する

こういう働き方を何年も続けている人をみると、「日本で生産性という概念が存在しているのは工場の中だけなの？」と思えてため息が出ます。しかも彼らの多くは翌日以降に「昨日、夜中までかかった仕事を夕方5時までに終わらせようと思ったら、いったいどういう方法がありえたんだろう？」という、振り返りを行なうこともありません。

だから何度も同じことを繰り返し、いつまでも（何十年も！）改善しないのです。もしかすると長時間にわたって働いた自分に「よく頑張ったなオレ！」的な達成感を感じているのかもしれません。そして「仕事というのは、過去のやり方を振り返り、改善方法を考

え、試行錯誤しながら少しずつ生産性を高めていくものなんだよ」ってことも知らないのでしょう。

熾烈な国際競争に晒されている製造現場では、そんなやり方は許されていません。決められた時間までに作業が終わらなければすぐに「どうすればもっと生産性が上げられるだろう?」とみんな考え始めます。そうでなければ国内の工場はすぐに閉鎖され、海外へと移されてしまうからです。

ところがホワイトカラー部門には、「今日8時間かかった仕事を、半分の4時間で終わらせるにはどうすればよいか」と部門内で話し合ったり、実際に新しい方法を試してみる、という慣習自体が存在しません。

ひとつの理由は、それらの部門がこれまでまったく競争に晒されてこなかったからでしょう。どんなに生産性の低い仕事をしていても、経理部は企業活動に必要不可欠だし、法務部も必要、人事部も必要、もちろん営業部門も必要で、それらの仕事を外注するなんて(少なくともこれまでは)ありえませんでした。このため生産性を上げて、競争力を高める必要性がなかったのです。

でもこれからはそれも変わります。管理部門の業務なんて丸ごと請け負う企業が現れ始めます。すでに採用業務やITサポート、経理処理や受注センター(コールセンター業務)

などに関しては、請け負いの専門企業が存在します。今後は人工知能も活用し、今よりさらに高い生産性で業務を担ってくれる企業が出てきます。そうなればホワイトカラー部門で働く人たちも、仕事の生産性を厳しく問われるようになるはずです。

仕事は遅いほうが得というトンデモ理論

そんなこと言うけど、ボクの会社では生産性なんて上げても給与が上がるわけじゃないから、まったく意味がないんですよ。生産性なんて上げるだけソン！

日本企業の製造部門だって、生産性が上がったからといって給与が上がるわけではありません。それでも多くの人が、生産性向上に熱心です。なぜホワイトカラー部門で働く人だけが「給与が上がらないなら生産性なんて上げたくない！」などと言うのでしょう？

自分だけ生産性を上げたりしたら、自分だけ仕事が増えるからイヤなんです！

それのいったいなにが問題なの？　生産性を上げて仕事が増えたなら、さらに生産性を高めればいいだけでしょ!?

そんなコトしたら損だ！

良夫さんにとっての「得」っていったいなんですか？　少々自分に仕事が集中しても、ひとりで生産性を上げていけばいいんです。上司や組織が評価してくれなくても問題ありません。今やリストラも転職も珍しくない時代です。生産性を上げておけば、万が一のときにも労働市場での評価が高くなり、転職しやすくなります。私なら生産性の概念も理解していないバカな上司など無視して、どんどん生産性を上げていきたいです。

生産性なんて上げて仕事が早く終わったら、残業代が減ってしまいます。仕事は遅いほうが得なんです！

それは本当に得なんですか？　私にとっては労働市場で高く評価されることのほうが、残業代をもらうよりよほど大事なんですが、良夫さんにとっては、本当にそれより残業代のほうが大事なの？

ボクには大切な家族がいるんです。だから家族のためにも残業代を稼ぐことが大事なんです！

本気ですか？　家族のためにこそ、労働市場＝人材市場で通用する人を目指すべきでは？　いつ会社が傾いても、しっかり家族を支えられるように！

デキる人と残念な人の違いとは？

私と良夫の意見の違いは、どこにあるのでしょう？　最大の違いは、良夫が現在の所属組織における最適化を目指しており、特定組織の評価制度や残業代など、「今の制度」を前提として行動しているのに対し、私はひとつの組織ではなく労働市場での評価を重視し、未来への最適化を勧めているという点にあります。

ここで理解しておきたいのは、「今いる組織への最適化」を最優先に考えてしまうと、（良夫のように）生産性を上げるというインセンティブがまったくなくなってしまうということです。

一方、「労働市場での評価を上げること」を意識しながら働くと、生産性を上げることが自分にとって必須の、かつ重要な課題になります。なぜなら労働市場で評価されるのは、まさに生産性の高い人だからです。

私はこれまでたくさんの「デキる人」と「残念な人」を見てきました。その違いは専門性の有無でも、稼いでいる額の差でも、成し遂げたことの大きさの差でもありません。それはまさに生産性の差なんです。

言い換えれば、デキル人とは圧倒的に生産性の高い人であり、残念な人とは自分と周囲の人の時間を平気で無駄にする、生産性の低い人のことなのです。

生産性の差は働き始めて数年たった頃から目立ち始め、10年もたてば決定的な差になります。みなさんの周りにも、「仕事のやり方があまりにトロい……」人がいますよね。そういう人は昔からトロい人だったのでしょうか?

今、40代以上の人はよくわかっているはずです。そういう人の多くは最初からトロかったわけではなく、組織の中で「周りがトロいから、自分も全力で走る必要はない」と考えているうちに何年もかけて熟成され、自分自身もトロくなってしまったのです。

今いる組織の中だけで比較をして、「周りは自分よりトロいから自分だけ速く走っても意味がない」などと言っていると、自分も遠からず彼らと同じトロい社員になってしまいます。そして組織の外に出たとき、まったく通用しなくなってしまうのです。

私はすべての人に転職を勧めているわけではありません。勧めているのは「継続的に生産性を上げていこう」ということだけです。長年ひとつの組織で働くことに問題があるのではなく、そうすることで自分をその組織に最適化させてしまい、「生産性は上げないほうがトク」などというメチャな結論に達してしまうことが問題なのです。

30代になってまだ一度も「この前と同じレベルの成果を出すのに、次は前回より3割、働く時間を減らしたい。そのためには、仕事のやり方をどう変えればいいんだろう？」と考えたことのない人は、マジで「それはとてもヤバい状態なのだ」と理解してください。「生産性を上げようと考えたことがない」のは、致命的なことなのです。

淘汰されるのはどんな仕事？

第1章で、これからは世の中全体の生産性がどんどん高まっていくと書きました。おそらく次の数十年間で、「生産性革命」とでも呼べるような大規模な変化が世界規模で起こるでしょう。

ここ数年「人工知能とロボットが実用化されることで消えてしまう仕事」のリストが、内外の研究機関から発表されています。なくなると予想される仕事の中には、肉体労働や単純作業だけではなく、知能労働とされている仕事、難関国家資格が必要な仕事も数多く含まれています（図7）。

計算で電卓に勝てる人がいないのと同じように、特許や法律の判例など、膨大な資料の中から必要な情報を見つけ出すといった仕事で、人工知能化した検索エンジンに勝てる人など存在しません。会計や監査など財務系の仕事も同じです。天気予報はもちろん、医療分野でもレントゲンやCT画像の診断など、デジタルデータを分析して結論を導くといった仕事において、人間に勝ち目があるとは思えません。

２０１６年の夏に報道されたあるニュースは、多くの人を驚かせました。血液の癌と診断され東京大学医科学研究所に入院した60代の日本人女性の治療にあたり、医師は２種類の抗癌剤を処方します。しかし回復は遅く、敗血症など重い副作用も発生しました。

そこで医師は、２０００万件もの癌関連の医学論文が入力されたＩＢＭ開発の人工知能ワトソンに女性の遺伝子情報を読み込ませました。するとワトソンはわずか10分で女性の

図 7 機械が奪う職業・仕事ランキング（米国の例）

順位	職業名や仕事内容	代替市場規模（億円）	順位	職業名や仕事内容	代替市場規模（億円）
1	小売店販売員	115,474	26	窓口対応係	26,450
2	会計士	94,418	27	コンピュータサポートデスク	26,366
3	一般事務員	88,274	28	食器洗い作業者など	25,599
4	セールスマン	78,002	29	警備員	25,379
5	一般秘書	73,103	30	郵便集配、取扱作業員	23,612
6	飲食カウンター接客係	71,780	31	保険・証券担当事務員	23,361
7	商店レジ打ち係や切符販売員	70,542	32	権利ビジネス代行者	22,278
8	箱詰めや積み降ろしなどの作業員	65,536	33	ローン審査担当者	22,200
9	帳簿係など金融取引記録保全員	58,763	34	庭師、園芸作業者	22,053
10	大型トラック・ローリー車の運転手	53,838	35	不動産鑑定士	21,078
11	コールセンター案内係	46,806	36	通関士、荷送人	20,597
12	乗用車・タクシー・バンの運転手	42,722	37	大工、建具職人	20,255
13	中央官庁職員など上級公務員	38,442	38	不動産業者、資産管理人	19,682
14	調理人（料理人の下で働く人）	37,131	39	バスの運転手	19,524
15	ビル管理人	35,922	40	産業用機械の整備・組立工	19,481
16	建物の簡単な管理補修係	34,302	41	事務管理サービス業	19,235
17	手作業による組立工	33,550	42	品質検査係	18,430
18	幹部・役員の秘書	33,398	43	法務関連の事務または支援係	18,288
19	機械工具の調整を行なう機械工	33,279	44	土工機械運転工	17,892
20	在庫管理事務員	32,546	45	財務・投資顧問	17,890
21	広告・市場調査の専門職	32,162	46	料理人	17,715
22	自動車整備士・修理工	31,715	47	リフト付きトラックの運転手	17,388
23	建設作業者	31,280	48	教師補助員	17,364
24	保険販売代理人	28,442	49	バイヤー	16,832
25	在宅看護担当者	26,710	50	会計・経理事務員	16,757

＊「週刊ダイヤモンド」2015年8月22日号より作成。1ドル＝100円換算。
【ランキング作成法】英オックスフォード大学のオズボーン准教授らの論文「THE FUTURE OF EMPLOYMENT:HOW SUSCEPTIBLE ARE JOBS TO COMPUTERISATION?」と、米労働省の職業コードを対応させ、就業人口と平均年収から機械によって代替される市場規模を算出。

病気が「二次性白血病」という特殊なタイプの癌だと診断。抗癌剤の変更を提案してきたのです。そして医師がその抗癌剤を使ったところ、なんと女性は数ヶ月で回復、退院することまで可能になりました。これは人工知能により患者の命が助かった日本で初めての臨床例と言われています。

医師のように高度な知能労働と考えられているような分野でも、人工知能のほうが得意な仕事はこれからもたくさん出てきます。ここで特に注目すべきは、ワトソンが２０００万件もの癌に関連する医学論文を読み込んでいることです。

人間の医師がひとつの論文を読むのに1時間かかるとして（実際にはもっと長くかかると思いますが、とりあえず1時間と仮定します）、年間３６５日の毎日、1日に10時間ずつ論文を読み続けても３６５０本の論文しか読めません。このペースで２０００万本の論文を読み終えるには５４００年以上かかります。つまり人間はそんなに大量の論文を読むことはできないのです。

こういった事例に関して、人間の医師と人工知能のどちらが賢いか、などという議論は意味をなしません。ポイントは、「大量の専門文章を読み込むという仕事に関して、人間と人工知能の生産性は比べようもないくらい異なる」という点にあるのです。

この話は、これからなくなる仕事となくならない仕事の違いを私たちに教えてくれます。なくなる仕事の多くは人工知能やロボットによって代替されるわけですが、それらは必ずしも「自動化しやすい仕事」ではありません。

そうではなく、淘汰されるのは人工知能やロボット（以下〝キカイ〟）が担当したときと、人間が担当したときの生産性の差が極めて大きい仕事です。今は人間がやっている仕事で、それをキカイに担当させれば一気に生産性が上がる――そういう仕事から順にキカイに置き換えられ、その結果が社会の高生産性シフトにつながるのです。

配送トラックを人間が運転する場合と自動運転車を比べてみてください。自動運転車は睡眠も休息も必要としないのです。数時間おきに休憩が、1日たてば睡眠時間まで必要となる人間の生産性ではまったく太刀打ちできません。

これは「時間をかければ終わる仕事」が淘汰される典型的な事例です。時間勝負になると人間は疲れるし睡眠も必要なのに対して、キカイは24時間稼働できます。医学論文を読み込む仕事も、ひたすら運転を続ける仕事も、そして、「残業さえすれば終わる仕事」も人間の仕事としては残りません。

「大量の知識を覚える」とか「大量の資料を読み込む」のは、すべて時間勝負です。1時間勉強した人より10時間勉強した人のほうが常にいい点がとれるような分野は、人間がやるべき仕事ではなくなるのです。

こんな仕事が生き残る!?

ではどんな仕事なら淘汰されにくいのか？　それは、キカイに任せても大きく生産性が変わりそうにない仕事です。人工知能もロボットも作るのにコストがかかります。生産性が何割か上がるだけという仕事については、置き換えは進みません。

レストランのオーナーシェフの仕事を考えてみてください。旬の野菜や魚を仕入れ、季節ごとにオリジナルメニューを考え、ネーミングと価格を決めてメニューに載せ、顧客のオーダーが入ってから料理を作る。時には料理について客とうんちく話をする。こういう仕事をキカイに任せても「ものすごく生産性が高くなる」という感じはしませんよね。

個人宅を訪れ、片付けや収納のアドバイスをしてくれるような仕事も、キカイにやらせたからといって生産性が大幅に高まるとは思えません。でも、子供にかけ算や割り算を教える仕事は、キカイのほうが圧倒的に生産性が高そうだと思いませんか？

最近、洋服をスマホで買う若い女性が増えています。このトレンドは「実店舗で洋服を売る店員の提供価値が大して高くなかった」という厳しい現実を明らかにしました。

服を買う顧客にとって価値あるアドバイスとは、「似合う服を似合うと言ってもらえ、似合わない服は似合わないと言ってもらえること」です。でも、そんなアドバイスをする店員はいません。彼らの仕事はすべての客に「よくお似合いですよー！」と叫ぶことです。

そんな仕事をしてきたがために「実店舗まで出かけて服を買う」という行為の生産性が、よい点だけでなく不都合な点も含め実際の購入者のレビューが確認できるオンラインショップでポチって購入するのに比べ、あまりに低いと感じられるようになったのです。

もし実店舗の店員さんがオンラインショップでは得られないレベルのアドバイスをできていれば、顧客はネットショッピングには流れません。「試着ができる」「生地の風合いがわかる」ぐらいしか実店舗で購入する価値がないから、「返品可能」となった通販に負けてしまうのです。

一方、同じように服を薦める仕事でも、パーソナルスタイリストが店まで同行し、あれこれ洋服を手にとって着こなし方や素材の特徴を教えてくれるのと、スマホ上で「あなたにはこの服が似合いますよ」というリコメンドをしてくれるファッションアプリの生産性を比べてみてください。

前者は後者よりはるかに多くの時間とお金がかかりますが、生産性という観点からみて「アプリのほうが圧倒的に生産性が高い」という状況にはならないでしょう。一緒に買い物に行き、多彩な商品を前に具体的なアドバイスをしてもらえれば、手に入るアドバイスはアプリのリコメンド機能などよりはるかに質の高い、豊かなものになるからです。

このようにファッションアドバイスという同じ仕事の中でも、消えゆく仕事と消えない仕事が生産性の違いによって分かれていくのです。

時々「クリエイティブな仕事はなくならない」という人もいるのですが、これも違います。すでに人工知能に作曲をやらせたり、絵を描かせる、小説を書かせるといった実験は始まっています。レベルはまだ高くありませんが、パターン化されたドラマの脚本やポスターデザインなどであれば、早晩「そこそこのレベル」になるでしょう。しかもその創造スピードは、人間よりはるかに速いのです。

その一方、ライブハウスでお客さんの雰囲気に合わせて曲の順番を変えたり、トークで会場を盛り上げながら即興も交えて演奏するミュージシャンの仕事を、人間よりはるかに高い生産性で実現するのは、人工知能付きロボットにとっても難題です。

3　どんな仕事がなくなるの!?

グーグルの人工知能研究者などの中には、数十年後のある時点で、人工知能の能力が人間全体の能力を超える「シンギュラリティ」と呼ばれる転換点がやってくると主張する人がいます。その後の世界は人工知能が設計することになるので、私たち人間には予想のつかない世界になるというのです。

それが本当に数十年という期間内で実現するのかどうか、私にはわかりません（誰にもわからないでしょう）。そんな状況になれば、すべての仕事が淘汰される可能性もあるし、人間の存在意義自体よくわからなくなります。

しかしその前段階で消える仕事とは、肉体労働でも自動化しやすい仕事でも定型的な仕事でもなく、キカイにやらせれば確実に、かつ圧倒的に生産性が高められる仕事です。

図8を見てください。今後訪れる未来を、①シンギュラリティ以降の未知の世界、②その前の超高生産性社会、③高生産性社会に至るまでのシフトが徐々に起こる時代の3つに分けています。私たちは今、この図の一番下のところにいます。

生産性の高い人（**図8**の左側）は、これから現れるさまざまな「生産性を高くする技術やサービス」を利用し、多忙な生活を抜け出すことができます。一定以上、社会の生産性が高まれば、週休3日や週休4日制さえ可能になるかもしれません。一方、生産性の低い仕事を続けていく人（**図8**の右側）は、多忙な生活に追いまくられ続けます。そしてどこ

図8　生産性の高い人と低い人の未来

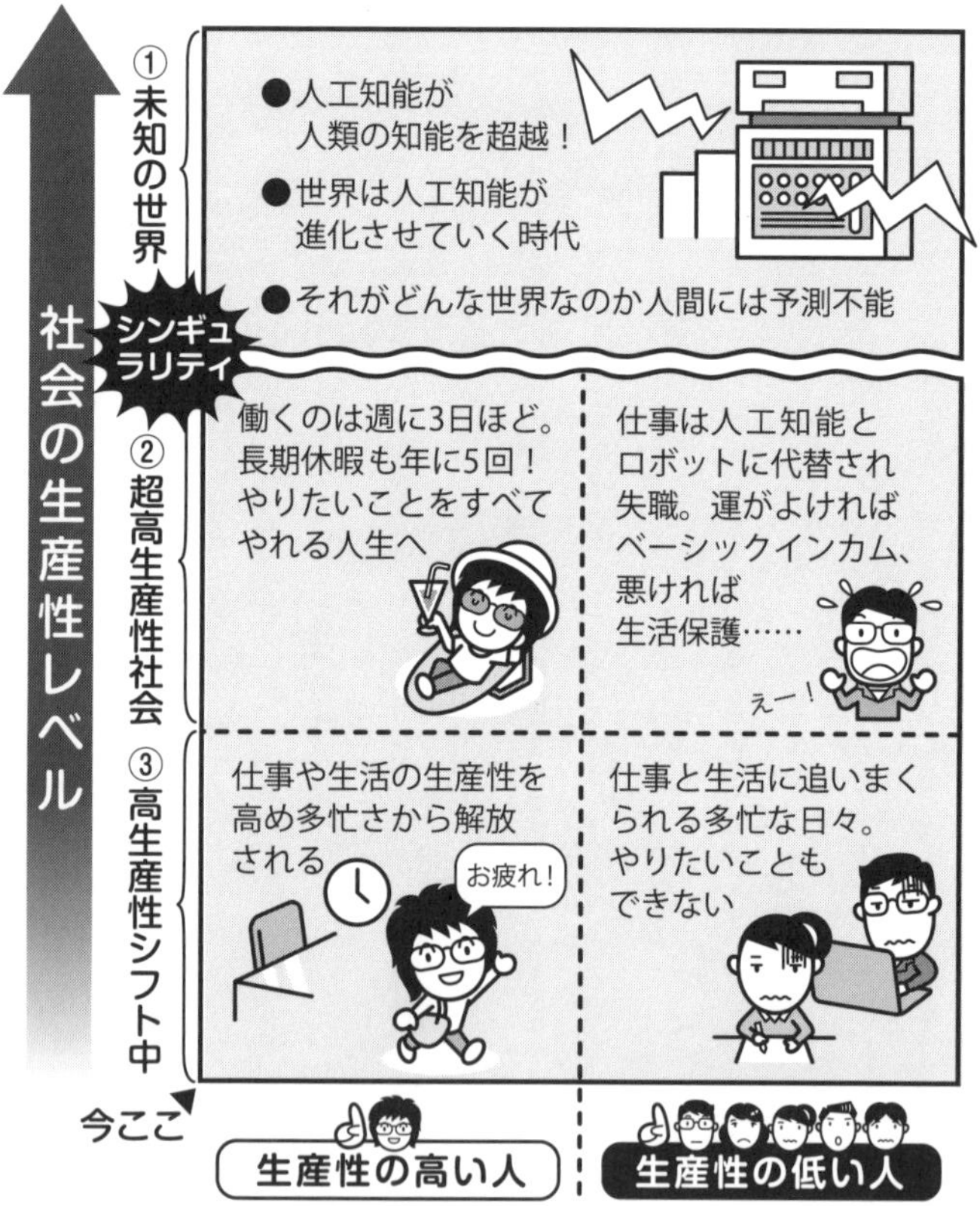

かの地点でキカイに置き換えられ、失職してしまうのです。

みなさん、できる限り生産性を高めましょう。「うちの会社では生産性なんて上げても評価されない」とか、「生産性なんて上げたら損!」「オレには無関係」などと言っている場合ではありません。

「これからも今までと同じやり方でずっとやっていけばよいのだ」という態度ではなく、継続的に生産性を上げていくことこそが、自分の身を、そして（経営者の方であれば）自分の会社を守ることにつながるのです。

……

良夫さん、どうしました？

ボクも生産性……上げたいです！　いったいどうすれば？

よくぞ聞いてくれました。

では次章から、生産性を上げるための具体的な方法を見ていきましょう！

第4章

インプットを理解する

希少資源に敏感になろう

序章では、正樹、ケイコ、陽子、そして勇二の会社で働く忙しすぎる人たちの生活を紹介しました。忙しすぎる状態というのは、やろうとしていることに対して、使える時間が足りない状態のことです。もしくは使える時間に対して、やりたいことや、やるべきことが多すぎる状態でもあります。

このとき、足りないと感じる「時間」こそが希少資源です。この希少資源について正しく理解し、その使い方に敏感になること＝むやみに無駄遣いしないことが、忙しすぎる生活から抜け出すための、そして、生活の生産性を高めるための第一歩です。

経済全体での希少資源はエネルギーであったり食料であったりしますが、個人にとっての希少資源といえば、時間とお金がその代表的なものです。多くの人が「時間が足りない」「お金が足りない」と感じていますよね。

とはいえ希少資源は他にもあるし、また同じ人でも、年齢や状況によって希少資源の重要性は変化します。このため「今の自分にとって、もっとも大切な希少資源とはなんなのか？」ということを、正しく把握しておくことが必要です。

お金と時間は、両方とも〝見える化〟しよう

4 インプットを理解する 希少資源に敏感になろう

大半の人が「希少だ＝いつも足りない！」と感じているお金と時間。どちらも重要な希少資源ですが、このふたつには大きな違いがあります。それは「お金は見えやすいが、時間は見えにくい」ということです。

見えにくい時間は、見えやすいお金に比べてしばしば軽んじられます。有限感の持ちやすいものは、そうでないものより貴重に感じられるからです。毎日開店から3時間で売り切れる店と、いつ行っても夕方まで残っている店では、たとえまったく同じケーキを売っていても、前者のほうが美味しいケーキであるかのように感じられますよね。

お金はお札という形でも、貯金口座の残高という形でも数字として目で確認することができます。毎月20万円の給与が、5万円の家賃、1万円の光熱費……と、次の給料日までに少しずつ減っていく様子は誰にでも簡単に認識できます。このため私たちはごく自然に「お金に関する有限感」を持つことができるのです。

ところが時間に関して有限感を持つには、ちょっとした工夫が必要です。半年前の自分が20歳ちょうど、今の自分が20歳と6ヶ月であっても、大半の人は「半年分の時間がなくなった！」と感じたりはしません。見えないものについては「どれほど減ったか」を自然に感じとることが難しいのです。

よく「もう年末なの?」「この前生まれたばかりの姪っ子がいつのまにか中学生に!」などと驚きますが、これらの言葉は、私たちがいかに「時間の消失」に鈍感であるかを示しています。

本当は時間だってお金同様に有限です。誰にとっても20代でいられる期間は最長120ヶ月、3653日しかありません(4年に一度の閏年を3回算入)。今25歳の人なら、20代でいられる期間の残りは60ヶ月、1827日ほどです。

図9には、横に12個、縦に10個のマス目が並んでいます。ひとつのマス目は1ヶ月を表し、横一列で1年、縦10段で10年です。マス目の合計数は120個。20代も30代も40代も120ヶ月しかありません。

今20代の人は、この120個のマス目のうち、すでに終わった部分を塗りつぶしてみてください。そうすれば20代があとどれくらい残っているのか、視覚的に確認できます。30代、40代の人も同じです。こうやって「時間を見える化」すれば、お金と同様、時間もとても大切な資源だと思い出せるでしょう。

希少資源の「見えやすさ・見えにくさ」は、増やす喜びの感じやすさにも影響を与えます。世の中には貯金が増えることが嬉しくてしかたない、残高が増えれば増えるほど安心

図9　あなたの＿＿代の残り月数は？

	1月	2月	3月	4月	5月	6月	7月	8月	9月	10月	11月	12月
1年												
2年												
3年												
4年												
5年												
6年												
7年												
8年												
9年												
10年												

できるという人がいます。そういう喜びや安心を感じられるのも、口座残高の数字が大きくなるからです。つまり「増えていることが目に見えて確認できるから」なのです。

一方、時間が増えることを目で確認するには、さらなる工夫が必要です。たとえば会社の近くに引っ越して、片道1時間の通勤時間が30分になれば、1ヶ月で30分×2（往復）×5（平日数）×4（週）＝20時間もの時間が自由になります。

毎月20時間も自由時間が増えたら、好きな本や映画、ゲームに没頭したり、美術館を訪れたり、家族と出かけたり、もしくは、累積した家事を一気に片付けたりと相当のことができるはずです。

だから実際に通勤時間を減らした経験者は

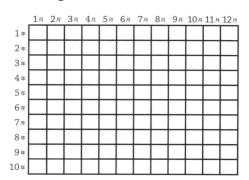

「ものすごくラクになった！」「おかげで子供と遊ぶ時間が確保できた！」とその意義を感じますが、実際にやってみる前の段階で、「増えた時間」を認識するのは誰にとっても容易ではありません。

それよりも、会社の近くへ引っ越すことによって高くなる家賃や、それが原因で減ってしまう預金残高の数字のほうが圧倒的に見えやすいのです。このため多くの人が「時間よりお金が大事」だと誤解してしまいます。

共働きで子育てをしていて、とんでもなく時間に追われているのに、「お金がもったいないから、家事代行サービスを使わない」とか、睡眠時間も十分に確保できないほど忙しいのに、毎日1時間以上の通勤時間を我慢し続けるのは、見えやすいお金のほうが見えない時間や、時には見えない自分の健康より、はるかに大事にされているということです。

でも、そういう行動を正当化している「今の自分にとって、もっとも貴重な資源はお金である」という前提は本当に正しいでしょうか？　それを間違っていると、一番大切なものを犠牲にして二番目に大切なものを守ることになってしまいます。そしてもっとも貴重な資源が、浪費され続けてしまうのです。

4 インプットを理解する
希少資源に敏感になろう

人生のなかでは「今は時間よりお金が大事」というタイミングも、もちろんあります。家族の病気治療のためにお金が必要となれば、誰だって睡眠時間を削ってでも働き、費用を工面したいと思うでしょう。そこまで極端な例ではなくても、私も学生の頃、乗り換えも多く、到着までものすごく時間のかかる格安飛行機チケットを買って、欧州への旅行に出かけていました。

学生だった私にはたっぷりの時間的余裕があり、一方、手元の予算はごく限られていたからです。でも今なら、手数料やサービス料を払ってでも時間を節約したいと考えます。学生だったあの頃と、稼ぐ力はついたけれどすでに人生の折り返し地点を越えた今では、時間とお金の希少性が完全に逆転しているからです。

一生ずっと「お金はそこまで大切ではない」と言い切れる人は、資産家などごく限られた人だけです。でも一生ずっと「一番大切なのはお金だ」という人も、同じようにごく少数のはずです。

多くの人は、そのときそのときの自分の生活にとって大切なもの、もっとも貴重なものが異なります。その変化をしっかり意識しないと、知らないうちに大事なものを失ってしまうのです。

お金も時間も最大限に活用しよう

お金と時間は個人にとってもっとも貴重な資源です。だから（そのどちらがより重要かという、前節での話とは別に）そのいずれについても、できる限り大切にすべきです。

そして時間を大切にするためにもっとも気をつけるべきことは、自分の時間を簡単に売らないことです。残業代を得るために時間を売るのがよくないのは、そういうことをしていると、「お金が手に入るなら、人生の時間が減っても気にならない」という労働時間投入型の考えに染まってしまうからです。

そんなふうに考えていると、自分の時間はどんどん「お金のために売ればよいもの」になり下がってしまいます。これは人生を安く叩き売っているのと同じです。

反対に、時間の価値が非常に大きいと考える人は、安い値段で時間を売りたいとは考えません。そして、できるだけ高く時間を売る方法はなにかと考えるようになります。これが「どう付加価値をつければ、自分の貴重な時間を高く売れるか」という発想につながり、その人の時給（1時間で稼げる額＝生産性）を上げていくのです（図10）。

一方のお金については、いかに使う額を減らすかという節約術に頭を悩ませる人が多い

図10 時間を安く売る人、高く売ろうとする人

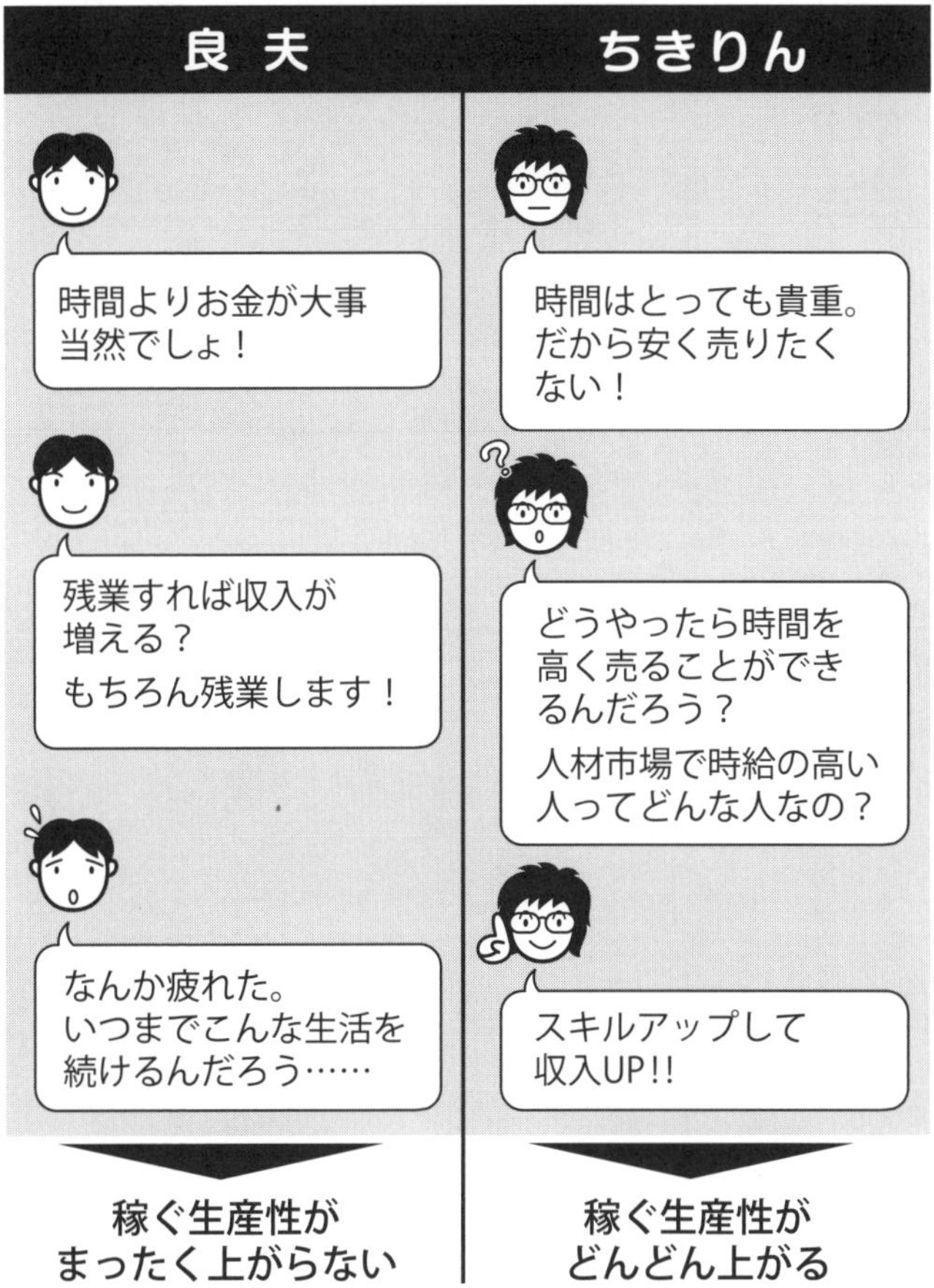
良夫
ちきりん
時間よりお金が大事
当然でしょ！
時間はとっても貴重。
だから安く売りたくない！
残業すれば収入が増える？
もちろん残業します！
どうやったら時間を高く売ることができるんだろう？
人材市場で時給の高い人ってどんな人なの？
なんか疲れた。
いつまでこんな生活を続けるんだろう……
スキルアップして
収入UP!!
稼ぐ生産性がまったく上がらない
稼ぐ生産性がどんどん上がる

のですが、それよりも「できるだけ有効に使おう！」と考えるほうが有益です。

家計簿をつける目的としては、貯金や節約、無駄遣いの抑制などが挙げられます。でもここではちょっと発想を変えて、「先月（or この半年で）もっともお金が有効活用された支出はなんだったか？」という視点で、お金の使い方を振り返ってみてください。無駄遣いをあぶり出すのではなく、もっとも有効に使われた支出＝もっとも生産性が高かったお金の使い途をリストアップするのです。

私も先ほど考えてみたのですが、今年もっとも有効に使えた（＝得られた価値が大きかった）と感じるのは、ラオスにひとり旅をした際、ラオス人の個人ガイドを雇うために支払ったガイド料でした。

彼の説明のおかげで、それまでまったく知らなかったラオスについて、政治から経済の裏側まで詳しく理解でき、社会派の〝ちきりん〟としては本当に楽しい、学びの多い旅行ができました。

彼に払ったガイド料は1週間で数万円です（本人に渡る額ではなく私が払った額です）。この額であれだけ価値ある情報を得られたのだから、この半年でダントツに生産性の高いお金の使い方となりました。

(ラオス旅行記で私が学んだことについては、ブログに詳しく書いています。どうぞお楽しみください。*)

みなさんも図11を使い、「ここ半年で、なんのために使ったお金がもっとも有効だったか」振り返ってみてください。1000円ほどの1冊の本だという人もいれば、家族旅行の代金だという人、「友達と出かけたカラオケ代がもっとも価値があった。あれで一気にストレスが解消した！」という人もいるでしょう。

生産性という観点から見ると、お金に関して問題なのは無駄遣いが多いことではなく、「最近の有効なお金の使い方トップ3」の表がすぐに埋まらないことです。貴重な資源をなにに使うのがもっとも生産性が高いのか、それがわかっていないと、お金の生産性を上げることはできません。

金融系の雑誌などには、20代から老後に備えて貯蓄をすべしなどと書いてありますが、20代の少ない給与から老後のために貯蓄をするなんて、私にはとても「有効なお金の使い方」とは思えません。月に1万円あれば、年に12万円になります。それだけあればアジアの国に1週間の旅行ができます。フィリピンへの英語留学だって可能です。そういうことにお金を使っていれば、図11に書くことはすぐに思い浮かぶはずなのです。貯金が大好き

*http://d.hatena.ne.jp/Chikirin/20160221

図11　価値の大きかった支出一覧

直近の半年間で、あなたにとってもっとも生産性の高かったお金は、なにに使ったお金でしょう？　過去半年の支出を振り返り、下記に書き出してみましょう！

	使途	金額	価値
第1位		円	
第2位		円	
第3位		円	
合計		円	

記入例①：ちきりんの場合

	使途	金額	価値
第1位	ラオスの個人ガイド	3万円	日本語ガイドブックだけでは絶対に理解できなかったラオスの現状や生活が理解できた
第2位	テレビの全自動録画機	15万円	10年振りの買い換え。質の高い番組を完全にオンデマンドで観られるようになった
第3位	ヨガ教室の月謝	月1万円×6ヶ月	パソコンに向かっている時間が長い文筆家には運動が不可欠。定期的に体を伸ばせてとても気持ちよい
合計		24万円	

記入例②：ある20代男性の場合

	使途	金額	価値
第1位	ひとりカラオケ	2800円	ストレスが一気に解消し、突発的に辞表を出そうとしたのを思いとどまった
第2位	合コン+2次会	1万2000円	彼女ができた。プライスレス!!
第3位	父の日のプレゼント	3000円	安物だったのにめっちゃ喜んでくれた。ちなみに人生初の父親へのプレゼント
合計		1万7800円	

な人は、今の自分にとって本当に「貯金」が一番、有効なお金の使い方なのか、もう一度考えてみてください。

先ほど計算したように、月1万円の家賃上乗せで通勤時間を30分短縮できるなら、月に20時間の余裕時間が手に入ります。これは1万円で20時間という時間を購入するのと同じ行為です。もし、アマゾンで「20時間分の時間」が1万円で売られていたら、思わず買いたくなったりしませんか？

家賃の1万円アップで通勤時間を30分短縮するのは、毎月アマゾンで20時間を定期購入するのと同じです。そうやって20時間が1万円で買えたら、それを「もっとも価値の大きかった支出」として図11に書きたくなる人もきっといるはずです。もし2万円払ってでも40時間を買いたいと思うなら、家賃を2万円上げて通勤時間を1時間短くできないか、考えてみましょう。

もちろん自宅購入や留学費用、もしくは子供の教育費など、なんらか将来のために貯蓄が必要なときもあるでしょう。その場合も「とにかく節約！」して貯金するのではなく、「ものすごく価値が高いこと以外には支出しない！」と決めればよいのです。

「価値あるお金の使い方」を意識するようになると、「自分はなににお金を使うと楽しく暮らせるのか、なににお金を使うともっとも幸せな気分が得られるのか」が、わかるようになります。そして、自然とそれら大事なことにお金を使うようになり、反対に無駄遣いが減って、貯金もできるし、生活も楽しくなるのです。

お金を有効活用するというのは、貯金を増やすということではありません。できるだけ大きな価値を自分に与えてくれるものにお金を使うということです。

家中、要らないモノで溢れかえっているのに「お金がないから好きなことができない」などと愚痴るのは、滑稽なジョークです。使いもしないモノが家に溢れているから（お金の使い方の生産性があまりに低いから）、楽しいことをするためのお金が捻出できないのだとしたら、本末転倒の極みですよね。

大事なのは無駄遣いを減らすことではなく、価値ある支出を増やすことなのだということを忘れないようにしましょう。それがすなわち「お金の生産性を上げる」ということなのです。

お金と時間以外の希少資源

最後に、お金と時間以外の希少資源についても書いておきます。実は最近の私にとってもっとも希少な資源は、「頭がきちんと動く時間」です。

「それも時間では？」と思われるかもしれません。たしかにこれも（1日24時間という）時間の中の一部です。なので正確に言えば「集中力」とか「思考体力」と呼ぶべきかもしれません。

誰にでも1日は24時間ありますが、今の私にとってはその中でも「一定レベル以上の集中力で頭を動かすことが可能な4時間」が、他の時間より圧倒的に貴重です。

20代までは1日7時間くらい考えることができた（ような記憶がある）のですが、今はせいぜい1日4時間が限度です。それを超えると集中できなくなってしまい、一定レベル以上の思考を要求されることはなにもできなくなります。

頭が動かないとできないのは、執筆のための思考や情報の構造化、さまざまな情報を総合的に検討して結論を導くタイプの仕事、そして、マルチタスクを要求されるプロジェクトでの方針決定やスケジューリングです。

今の私は1日4時間しか頭が動かないので、やるべきことが増えてくると、今日の頭が動く貴重な4時間をなににどれくらい使うべきかと、真剣に考えます。その4時間以外は、掃除や料理、ネットサーフィンやゲームなど、「頭を動かさなくてもよいコト」にしか使えないからです。

このため私のTo Do List（やるべきことのリスト）は、

- 頭が動くときにしかできないTo Do List
- 頭が動かない時間でもできるTo Do List

のふたつに分かれています。具体的にはこんな感じですね。

頭が動くときのTo Do List

①取材メモを整理して記事の骨格を作成
②講演内容の検討　（メッセージと構成の決定）
③次回イベントの設計
④私的なトラブルの解決法について考える
⑤将棋の練習　（↑これは頭が必要なのです）

頭が動かないときの To Do List

①風呂掃除
②ヒールの剥がれた靴を修理に持って行く
③冷凍庫の中をチェックして不要なモノを捨てる（すでにかなりヤバイ）
④フェイスブックの〝いいね！〟
⑤経理処理のためのレシート整理

頭が動く時間は年齢とともにどんどん減っているので、もし将来、1日1時間しか頭が動かなくなったら、その時間はさらに貴重なものとなります。そうなったら仕事をもっと厳選し、その貴重な1時間を使ってなにをするのか、「自分が本当にやりたいことはなんなのか」、今よりもさらに真剣に考えることになるでしょう。

「頭が動く時間」以外にも「やる気」や「エネルギー」が一定量しかないという人もいますよね。そういう人は、限られた自分のやる気をどうでもいいものに使ってしまわないよう、注意すべきです。私も、やる気や根気は子供の頃から持ち合わせが少ないので、それらをなにに使うべきか、とても慎重に選んでいます。

高齢になると健康が限られてくる人も増えます。1時間も歩けば（もしくは、1時間くらい座っていると）腰や膝が疲れて歩けなくなる、というなら、その1時間をどこに行くために使うのか、戦略的に（!?）考える必要があります。長くモノを読んでいると目がかすんでくるようになったら、その1時間になにを読むべきか、厳選せねばなりません。

仕事のために子供と触れあう時間が少ないという人にとっては、その時間がまさに希少資源です。その時間、子供となにをして過ごすのか、よく考えないと「限られた時間しかないのに、小言ばかり」になってしまいかねません。

生活の生産性を上げるためには、今の自分にとってはなにが希少な資源なのか、それを正確に理解すること。そして、その資源の無駄遣いに敏感になることが大切なのです。

子供の将来のためにお金を貯めることがなにより大事だと思っていたけれど、よく考えたら今一番大事なのは、私の健康かもしれない。

私が無理をして体調を崩したら、職場への迷惑はもちろん、なにより子供たちに申し訳ない。

そのとおり！

そう考えると、今、我が家でいちばん希少な資源は、「ママの元気」なのかも……

第5章

アウトプットを理解する

欲しいモノを明確にしよう

希少資源とセットでもうひとつ正しく理解すべきもの——それが「自分はなにを手に入れたいのか」ということです。そんなことくらいわかっていると言われるかもしれませんが、それが案外わかっていないことも多いのです。

たとえば多くの子供がいやいや勉強しているなか、誰に言われずとも熱心に勉強する子もいます。彼らはなにが欲しくて勉強するのでしょう？　知識でしょうか？　知的好奇心を満たすため？　たしかにそういう子もいるでしょう。

でもまったく違うものが欲しくて勉強する子もたくさんいます。たとえば「母親に褒められたいから」「好きな女の子の前でかっこつけたいから」「成績がいいと友人から一目置かれるから」といった理由です。こんな単純な事例においてさえ、本人が本当に手に入れたいものは多岐にわたっているのです。

バックパッカーが手に入れたいものとは

私は大の旅行好きですが、行く場所や目的に応じて異なるスタイルで旅します。添乗員付きのパッケージ旅行にも参加するし、海外の旅行会社に直接コンタクトし、専用車や現地ガイドを手配してもらうこともあります。自分で飛行機とホテルをネット予約して旅立つこともあれば、現地に着いてから安宿を探すバックパッカースタイルでの旅行も経験しています。

一方、世の中にはどこに行くにもバックパッカーとして旅行をする人もいます。たとえお金に余裕があっても、頑なにそのスタイルを守り続ける人がいるのです。なかには、「パッケージ旅行では現地のことはなにもわからない」と言う人までいます。

でも本当にそうでしょうか？　学生時代にバックパッカーだった私は、イタリアやフランスを旅したときでもサンドイッチやピザばかり食べていました。単に予算が足りなかったからですが、食が文化とまで言える国でまともなレストランにほとんど行かないバックパッカーが、それらの国を深く理解できるとはとても思えません。

実は、常にバックパッカーとして旅する人と私では、旅から得たいものが異なっています。私が欲しいのは異国での新しい体験や珍しい見聞ですが、彼らが手に入れたいのは、「どんな国でも自分の力で旅行できるという実証であり実感」です。もちろん彼らも異文化には関心をもっていますが、それが最優先ではありません。

だから、ホテル探しや目的地への移動にたとえ余計な時間がかかっても、また、余分なお金がかかっても（昔と異なり、今や格安パック旅行のほうがバックパック旅行より安いこともあるのに）、常にバックパッカーとして旅行するのです。

私の場合、時間よりお金のほうが希少だった学生時代にはバックパッカーとして旅行をし、1週間しか休みのとれない日本企業で働いていたときにはパッケージ旅行を、そして給与も高く、長期の休みもとれる外資系企業で働いていたときには、現地の旅行会社に自分専用のガイドや車を手配してもらって、（一般的な観光地ではなく）自分の行きたいところだけを回ってもらっていました。それがその時々の私にとって、もっとも生産性の高い旅のスタイルだったからです。

でも筋金入りのバックパッカーにとってこれらは、「生産性の高い旅」ではありません。そんなスタイルでは彼らが本当に欲しいもの、すなわち「自分の力でどんな国でも旅行できるという実証」は得られないからです。

この例からわかるのは、手に入れたいものが違う人にとっては「生産性の高い方法」も異なるということです。だから誰かが勧める「生産性の高いやり方」をそのまま真似しても意味はありません。その人が手に入れたいものとあなたが欲しいものは、同じように見えても実はまったく違うかもしれないからです。

しかも筋金入りのバックパッカーに、なぜバックパッカーとして旅行をするのかと聞けば、多くの場合「現地事情がよく理解できるから」「自由度が高くて楽しいから」といった答えが返ってきます。

でも前述したように、美食の国でまともなレストランにも行かずに「現地事情がよくわかる」などということはありえないし、現地に着いてからホテルを探すための余分な時間を使いながら「自由な時間が多い」とも言えません。空港に自分専用の車を手配しておいたほうが自由時間は長くなるし、専任ガイドを雇ったほうが現地の事情もよくわかります。

先ほども書いたように、彼らが本当に求めているのは、「どんな国でも自分ひとりで旅行できるという実証」「異国でトラブルに遭遇しても、自分の力で克服できるという実証、もしくは、そのスキルを訓練する機会」です。でも自分の欲しいモノがそういうものだと明確に理解、言語化できているバックパッカーは極めて限られています。

自分の欲しいモノを正確に理解すること――それは自分の長年の趣味や、なにより好きだと思えるコトに関してさえ、簡単なことではないのです。

超危険な「似て非なるモノ」

頭の体操をしてみましょう。カフェやレストランを経営する人が「手に入れたい価値」にはどのようなものがありえるか、考えてみてください。そういう人が手に入れたいのは、大きな売上や利益だけではありません。それ以外にも「大人気店としての評判」「世界最高レベルの食を提供する一流シェフという評判」など、さまざまです。

もし手に入れたい価値が売上なら、1組の客が100万円分の注文をしてくれるなど、客単価の高い少数の客を集めるのがもっとも生産性の高い方法です。しかしそれでは、「大人気店としての評判」は得られません。

「大人気店＝いつも大勢の客で賑わっている店」にしたいなら、売上ではなく1日の客数を目標指標とする必要があります。1日500人の客が来て、ひとり1000円を使ってくれれば売上は50万円です。その売上は、ひとりの客が100万円を使う店の半分にすぎませんが、「いつ行っても行列のできている人気店」にはなれます。

このように同じレストラン業でも「なにを達成したいのか？」「手に入れたい価値はなにか？」という目標はそれぞれです。それに、ひとり何万円も使う客を集める方法と、ひとり1000円を払う客を毎日500人集めるための方法はまったく異なります。

5 アウトプットを理解する 欲しいモノを明確にしよう

レストランやカフェを開いたときは、「なんとしても成功したい」「みんなに愛されるお店にしたい」「3ヶ月で黒字に」といった目標を語る人が多いのですが、手に入れたい価値はもっと具体的に言語化する必要があります。そうでないと自分がなにを目指しているのかを見誤り、希少資源であるお金や時間を無駄にしてしまうからです。

最近は学生時代に起業する人も増えてきましたが、彼らの中にも「自分の得たい価値」がよくわかっていない人がいます。起業環境がよくなり、自分の手に入れたいモノがなんなのか、そこまで突き詰めなくても起業できてしまう時代だからでしょう。

特に問題になるのは、手に入れたい価値が「ビジネス的な成果の大きさ」だという人と、手に入れたいのは「束縛のない自由な働き方」だという人が混ざってしまうことです。

後者は、「大企業に入ってもまったく楽しくなさそうだ。むしろ気の合う仲間と、やりたい仕事をして食べていきたい。目標はビジネスとしての大成功というより、あくまで自分たちが納得のいく生き方、働き方を実現できることだ」という人たちです。

目標はどちらでもよいのですが、自分たちの目指すものがわかっていないのは問題です。「ビジネスとして大きな成果が出したい！」と言いながらみなで楽しく働けることを優先してしまったら、ビジネスとしては成功できません。

反対に、楽しく働くためだった起業がいつのまにか「成功のためには苦しくても耐えて頑張るべきもの」になってしまうのも（希少資源である人生の時間を、欲しくもないモノのために投入するという意味で）とても不幸な状態です。

このように、欲しいモノが正しく理解できていないと生産性が高くなるどころか、希少な資源を無駄にしてしまいかねないのです。

頑張るほどわからなくなる「欲しいモノ」

最初は自分の欲しいモノを正しく理解していたのに、途中でそれがわからなくなってしまうこともあります。特に大量の希少資源（お金や時間）を投入すると、そのリスクが高まります。

たとえば不妊治療を10年続け、内心ではもう妊娠出産の可能性は低いとわかっていても、延々と治療を止められない人がいます。どんなに確率が低くても、あと1年続ければ、あと1回やれば、と考えてしまう切実な気持ちになるからです。

そういう状態に陥ったら、「自分が手に入れたいものはなんだったのか」もう一度、振り返ってみるべきです。

「自分の血を分けた子供が欲しい」と
「子供のいる幸せな家庭を築きたい」と
「幸せな人生を送りたい」
の3つは、まったく異なる目標です。2番目の「子供のいる幸せな家庭を築きたい」であれば養子縁組という手もあるし、3番目であれば「子供のいない幸せな人生」を追求することもできます。

けれど、不妊治療に人生の時間とお金、(そして生きる希望)という希少資源を大量に投入してしまうと、最初は「幸せな人生が送りたい」+「子供がいたら幸せだろうな」くらいに思っていた人でも、いつのまにか「子供がいない人生は幸せではない」という思い込みに陥ってしまいます。

図12を見てください。なかには「血を分けた子供がいなければ、決して幸せにはなれない」という人もいるのでしょうが、大半の人はそうではないはずです。でも、あまりにすべてを「自分の子供を持つこと」に注ぎ込んでしまうと、左上の「子供のいる幸せな家庭」と右下の「不妊治療に失敗した不幸な家庭」というふたつの世界以外が見えなくなってしまうのです。

生産性が高い生活とは、「時間やお金など人生の希少資源を最大限有効に活用し、自分

図12　見えなくなる選択肢

が欲しいモノを手に入れる生活」です。

これからも多大な希少資源を投入して「子供のいる幸せな生活」を求め続けるのか、それとも「子供はいないけれど幸せな人生」を手に入れるために希少資源を投入するという方向に舵を切るのか――そのどちらが、残された時間やお金をもっとも有効に活用できる道なのか。そういう視点で考えれば、異なる結論が出せる人もいるはずです。

私たちはいつだって自分の手に、時間とお金という人生の希少資源を持っています。それをなにに使うのかは、どの段階であれ、極めて自覚的に決めていくべきことです。貴重な資源をこれまでやってきたことに、これからもつぎ込み続ける必然性はないのです。

資格試験の勉強も同じです。難関資格の取得には多大な時間とお金がかかります。最初は「〇〇〇の資格をとって社会に貢献したい」と思っていたのに、次第に「〇〇〇の資格をとらないと、自分の人生は終わりだ」といった心境になる人がいます。

社会に貢献する方法なんてごまんとあるのだから、特定の資格なんてなくてもまったく問題ありません。この、「希少資源を投入しすぎると、自分の欲しいモノがいつのまにかズレてしまう」という現象の裏には、構造的な理由があります。

人は誰でも、自分のやってきたことを正当化したいと考えます。過去に多大な時間とお金を投入してきたことについて、「あれは、絶対に手に入れなければならない高い価値のあることだった」と思い込めれば、過去の投資が正当化しやすくなるのです。

過去何年も資格試験の勉強を続けてきたけれど、実はその資格なしでも幸せに暮らせる道があると気づいてしまうと、「今までの勉強はなんだったんだ!?」という話になりかねません。だからみんな過去の投資を正当化するために、自分が手に入れたいモノを少しずつずらしてしまうのです。

そうなる気持ちはわからないでもありません。でも……もっとも大事にすべきは「自分が今、持っている希少資源の生産性」であって、過去に使ってしまった希少資源の正当性ではありません。すでに投入してしまった資源に拘泥《こうでい》し続けると、今、持っている資源まで無駄になってしまいます。

私たちが大事にすべきなのは、過去ではなく未来です。今の時点で保有している希少資源をなにに投資するのがもっとも生産性が高いのか=自分が欲しいモノが手に入りやすいのか。そういう視点で考えてこそ、過去に縛られない生き方ができるのです。

「やるべきこと」と「やりたいこと」

5　アウトプットを理解する
欲しいモノを明確にしよう

本来「自分の欲しいもの・手に入れたいもの」を理解するのはそんなに難しいコトではありません。にもかかわらず私たちは頻繁に「欲しいもの」を見誤ってしまいます。

それは、大人になると「自分が本当に欲しいもの」と「手に入れれば社会が評価してくれるもの」が違うと理解し始めるからです。そして「こっちを手に入れたほうが得なのではないか、いい人生が得られるのではないか」という計算を始めるのです。

生まれたばかりの赤ちゃんは、自分の欲しいものをはっきり理解しています。赤ん坊が泣き出すと、お母さんはあやしたりミルクを飲ませたり、それでも泣き止まなければオムツを替えたり、泣き止ませるためにあらゆる手立てをとります。

しかし赤ん坊は、自分が泣いている理由がピンポイントで解決されないと泣き止みません。あやしてほしいときにほ乳瓶を突きつけられても受け入れないし、オムツを替えてほしいのに抱っこしてあやされても泣き止みません。赤ちゃんというのは、（言葉で伝えることができないだけで）自分の欲しいものが極めて明確にわかっているのです。

けれど人は、年をとればとるほど自分の欲しいものがわからなくなります。それは自分の欲しいものしか見えていない動物的な子供の世界から、社会的な生き物である大人への変化であるとも言えます。しかし自分の欲しいものがわからなくなるようでは、それを「成長」と呼ぶことはできません。

「やればできるのにもったいない」というのも、「やりたいことより、うまくできることをやるべき」という価値観に基づく言葉です。こういうことを言われ続けると、ついつい「やりたいこと」が「やるべきこと」に引っ張られてしまいます。

「安定した生活が欲しい」といって大組織の会社員になった人の中にも、「たしかに安定は手に入ったけれど、特におもしろくもないこの仕事をあと何十年も続けるなんて、オレの人生は本当にこれでいいのか？」と疑問に感じ始める人がたくさんいます。

自分にとって「安定」は本当にもっとも手に入れたいものだったのか？　そうやって思考停止せず考え続けることができれば、大して欲しくもなかったもののために希少資源を投じ続けることも避けられます。

豊かな生活とは、希少な資源を最大限に有効活用し、自分が欲しいものをできる限りたくさん手に入れるという生産性の高い生活のことです。でも肝心の「欲しいモノ」を見誤ってしまっては、いくら希少資源を投入しても手に入ることはありません。

私たちはついつい「周りの人がみんなやっていること」や「やるのが当然だと（世間で）思われていること」を、自分が手に入れたいモノだと勘違いしがちです。でもゴールを間違えたら、人生の時間もお金も無駄になってしまいます。

5　アウトプットを理解する
欲しいモノを明確にしよう

自分の時間を自分の手に取り戻すためにも、本章で取り上げた「自分が欲しいモノ」と、前章で取り上げた「今の自分にとって、もっとも希少な資源」のふたつを、まずは自身でしっかりと理解しましょう。

私は今までずっと怯えてきました。だから自分が手に入れたいモノをゼロからじっくり考えるなんていう経験自体がありません。でも今の話を聞いて、一度しっかり考えてみたいと思いました。だって今のこの生活が「自分が本当に欲しかったものだ」とはとても思えない。なのにこの生活に、人生の希少資源である時間をこれからも注ぎ続けるなんて、ちょっとありえないですよね!?

そのとおり！　ぜひしっかり考えてみてね！

第6章

生産性の高め方①

まずは働く時間を減らそう

生産性の定義と高め方

生産性は、「インプット＝希少資源」と「アウトプット＝手に入れたい成果」の比率として計算されます。つまり生産性とは投入した希少資源（時間やお金など）に対する成果の割合（比率）であり、希少資源がどれくらい有効に活用されたかというレベルを表す指標なのです。

●生産性の計算方法（定義）

$$\text{生産性} = \frac{\text{得られた成果}}{\text{投入した希少資源}} = \frac{\text{アウトプット}}{\text{インプット}}$$

この式を見ながら、「生産性を上げるにはどうすればよいのか」考えてみましょう。

もっともシンプルな生産性の向上策は、インプットを変えずにアウトプットを上げること（パターンA）です。

●パターンA「より高い成果を出して、生産性を上げる」

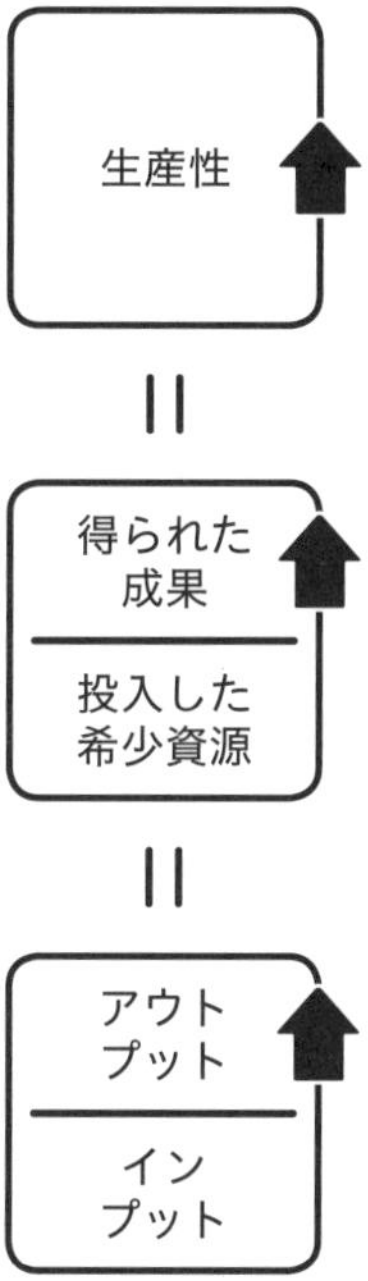

またパターン**B**のように、より少ないインプットで今と同じ成果を実現することでも、生産性は上げられます。「コスト削減」と呼ばれるのはこの方法です。

●パターンB「インプットを減らして生産性を上げる」

生産性を上げる必要があるのにインプットを増やし、生産性を下げてしまう人もいます。たとえば「仕事が終わらないから残業する」というように安易にインプットを増やしてしまうと、**パターンC**のように生産性が下がってしまいます。

●パターンC「インプットを増やすと生産性が下がる」

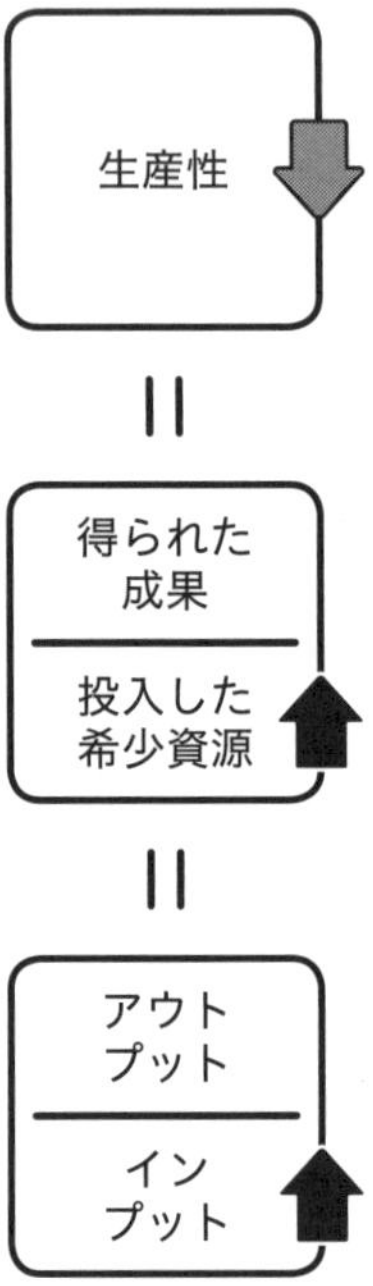

「いやいや、残業をしたことによって成果も上がっているよ！」と言われるかもしれません。でもそれは**パターンD**の状態ではないでしょうか？

働く時間を増やし、成果も少しだけ上がった。でも……成果が少し上がったくらいだと、生産性はやはり下がってしまいます。

6　生産性の高め方①
まずは働く時間を減らそう

●パターンD「インプットを増やして成果も少しだけ上がったが、生産性は下がった」

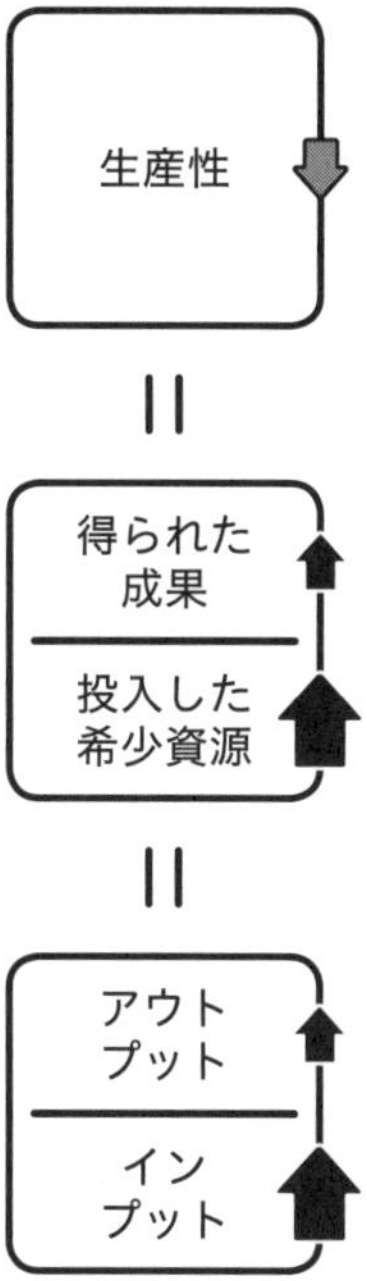

パターンDでは「すごく頑張ったし、成果も高くなった」と感じられるため、多くの人が達成感を覚えるし満足もします。でもその実、生産性は下がってしまっているのです。「いやいや成果はもっと上がったよ！　残業分くらいは価値が上がったはずだ！」と言われるなら、それは**パターンE**に当たります。この場合、生産性は下がってはいませんが、上がってもいません。しかし「働く時間」は長くなっています。

つまり単に働く時間が長くなっただけです。賢明な読者のみなさんは、これを続けていくとなにが起こるかわかりますよね？　この方法で成果を上げようとし続けると、働く時間は上限の24時間まで止めどなく延びてしまうのです。

●パターンE「インプットを増やして成果は上がったが、生産性は変わらない」

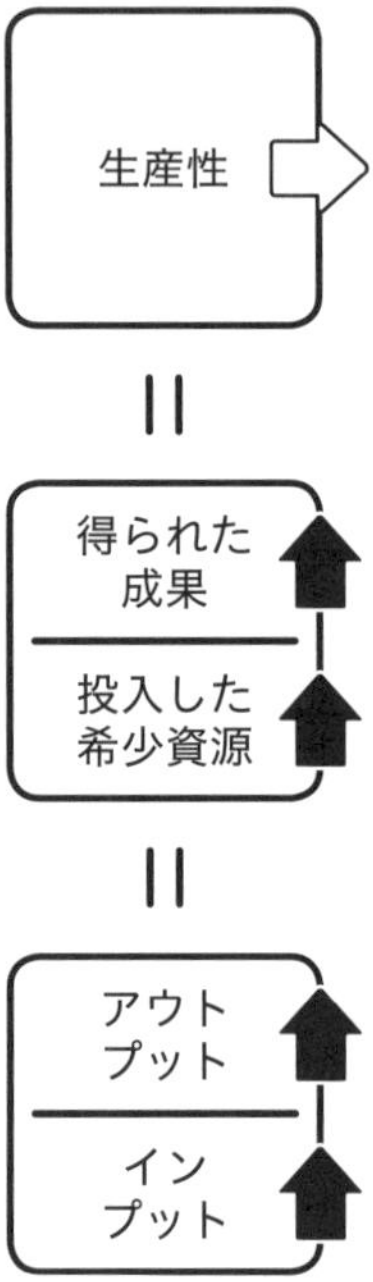

笑い話でもなんでもなく、「売上が2割伸びた！」と喜んでいる企業の内実を見てみると、残業が増え、社員の労働時間も2割増えていた、というパターンEのような事態に陥っている場合がよくあります。

これでは単に労働時間が増えただけであって、同じことを来年、再来年と続けていけば、止めどなく残業が増え、みんな疲れ切ってしまいます。そして早晩、残業時間を増やさずに売上を1割だけ上げた**パターンA**のような会社（A社とします）に抜かれてしまいます。「残業を増やさずに売上を1割増やした」A社の売上は、「残業を増やして売上を2割増やした」E社の売上より、今は低いレベルにとどまっています。しかしA社の生産性は上がっているのに、E社の生産性は上がっていません。だから長期的には売上の絶対額においても、A社がE社を超えていくのです。

子供の勉強に関しても「去年までは息子が1日に1時間しか勉強せず、成績もよくなかったのに、最近は1日3時間も勉強するようになり、成績が大きく上がった！」と喜ぶ親御さんがいます。

でも勉強時間が3倍になったのなら、その分、成績が上がるのは当然です。それは厳密に言えば成長ではありません。素直でいい子だから長い時間を勉強に投入しただけで、その状態は、**パターンD**のようになっているかもしれないのです。

●パターンD「インプットを増やして成果も少しだけ上がったが、生産性は下がった」

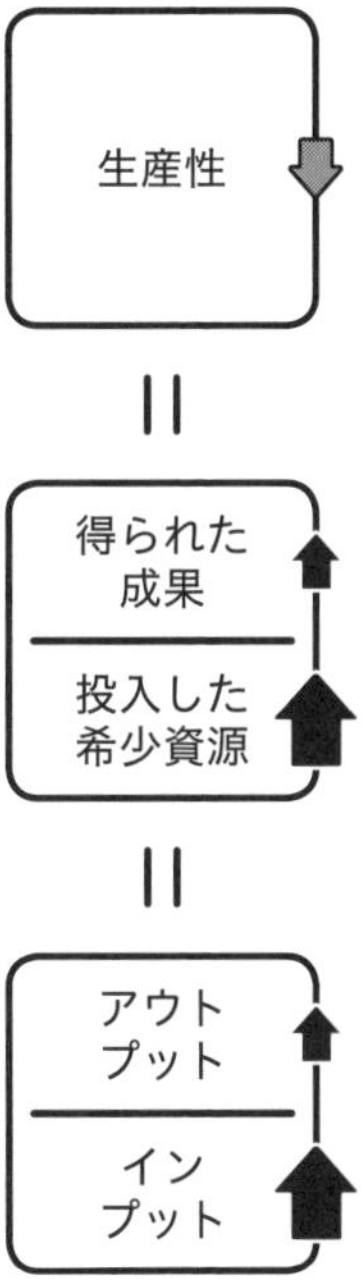

これでは投入できる時間が物理的な限界に達した時点で成績の伸びは止まってしまいます。必要なのは「今までより長い時間勉強すること」ではなく、**パターンA**のように「今までと同じ時間しか勉強していないのに、今までより高い成績がとれる勉強方法を見つけること」です。

つまり勉強時間が長くなることより、生産性の高い勉強方法を身につけることのほうがよほど大事なのです。でも多くの親は子供が長時間、机に向かっていると、「熱心に勉強している」「頑張っている」と喜びます。「なぜこんなに長い時間、勉強しないと成績が上がらないのか？　もっと生産性の高い勉強方法に変えたらどうだ？」とアドバイスできる親御さんは極めて限られているでしょう。

生産性さえ上げられれば、遊びや運動の時間を犠牲にすることなく成績が上げられます。しかも、イザというとき（受験の直前など）だけその時間を勉強にあてれば、さらに大きな成果を上げることができます。

お金にしろ時間にしろ、インプットできる資源は有限なので、永久にインプットを増やし続けることはできません。だからインプットを増やすことでしか成果を上げられない人は、どこかで行き詰まってしまうのです。

中学校のときにめいっぱい勉強することで乗り切った子は、高校の勉強にはついていけなくなるし、平社員のときにめいっぱい働いてギリギリの仕事をしていたら、課長になったとたんに仕事が回らなくなります。生産性はいくらでも上げられますが、インプットの量は止めどなく増やせるものではないからです。

なるほど。パターンAのように投入時間を増やさずに、アウトプットを増やすのが理想なんですね。でもそんな方法、簡単には見つけられないでしょ？

●パターンA 「より高い成果を出して、生産性を上げる」

たしかに簡単ではありません。でも実は、これを実現するためのすごくいい方法があるんです！

図13　生産性の定義

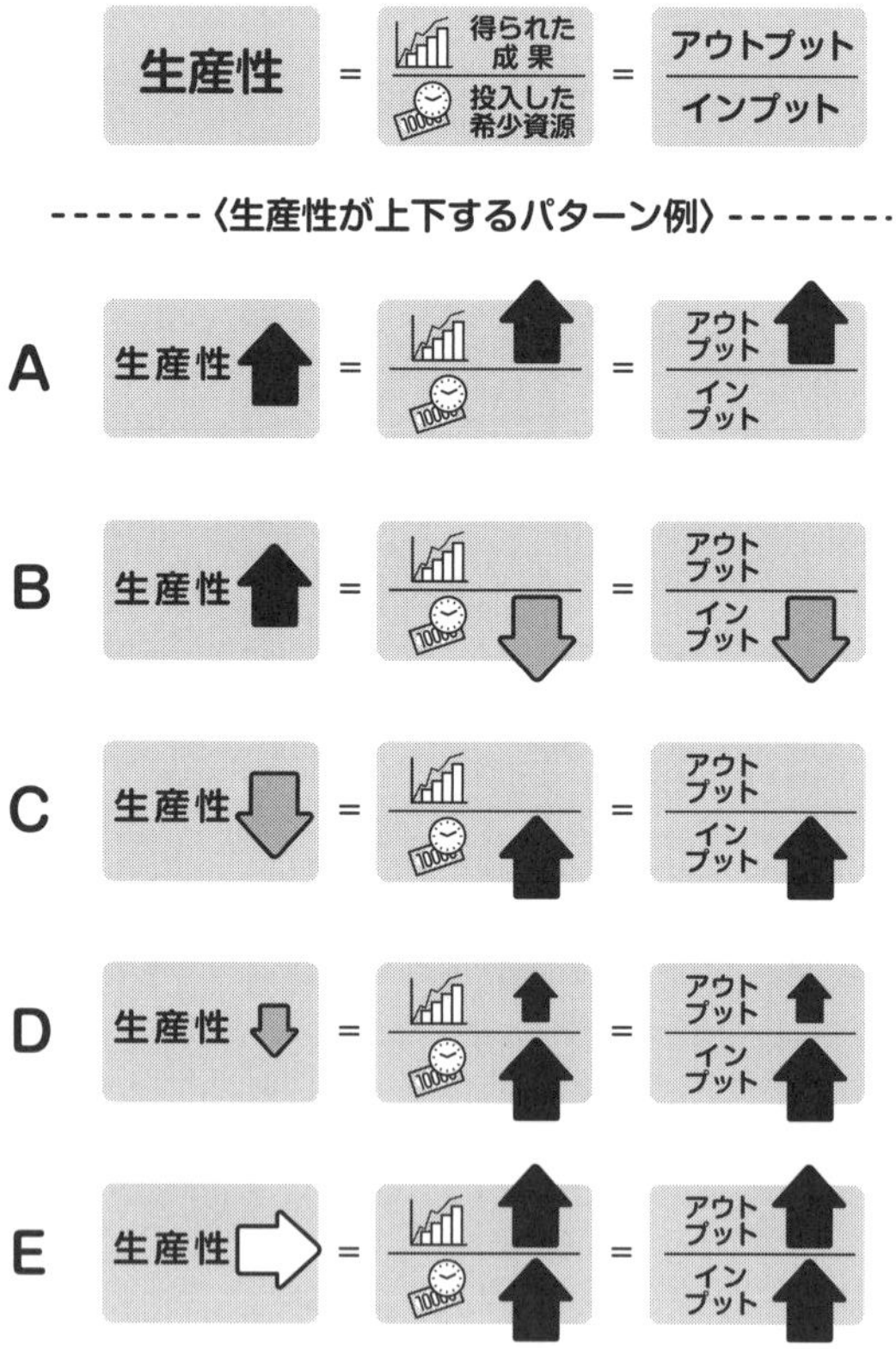
生産性
得られた成果
投入した希少資源
アウトプット
インプット
〈生産性が上下するパターン例〉
A
B
C
D
E
生産性
アウトプット
インプット

ブラジルと日本の農業の違いにヒントがあった

10年ほど前、私はブラジルのサンパウロにある日系移民の資料館を訪ねました。明治から昭和中期までの日本は貧しく、国民全員が食べていくことができませんでした。このため国策として、国土が広すぎて人口が足りない国へと移民を送り出していたのです。

なかでも大規模だったのがブラジルへの移民です。今でもサンパウロには日本人街があり、日系ブラジル人のコミュニティも各地に存在しています。その歴史をまとめたブラジル日本移民資料館*で私は、興味深い説明を発見しました。そこには「ブラジル農業に生産性という概念を持ち込んだのは日本人移民である」と書いてあったのです。

農業分野の生産性指標のひとつに、「農地面積あたりの収穫高」＝「一定の面積からどれくらいの量の作物が収穫できたか」という指標があります。ブラジルには、この生産性を上げるという発想がありませんでした。国土が広いため、収穫量を増やしたければ畠の面積を増やせばよい、と考えられていたからです。

しかし日本からやってきた農家の人たちは、同じ面積の畠からより多くの収穫を得る方法がないかと考え始めます。そうすれば土地の購入費も少なくてすむし、作業中の移動時

＊http://www.museubunkyo.org.br/jp/

間も短くてすみます。

ではなぜブラジル農業には、農地面積あたりの生産性を上げようという考えがなかったのでしょう？　反対に、なぜ日本人農家はすぐそのことに気がついたのでしょう？

理由は教育水準や農業技術の差ではなく、単に「日本がものすごく狭い国だったから」です。地図を見れば一目瞭然ですが、ブラジルの国土は広大です。広すぎて開墾の人手が足りないから、世界中から移民を募ったわけです。

一方、日本から移住した農業従事者の大半は、祖国では広い田畑を持ちえなかった人たちです。小作農であったり、山の斜面など条件の悪い村に住んでいたり、もしくは10人兄弟の末っ子で、親の田畑を分けてもらうことができなかったり……といった人たちが、夢を求めて新天地に移民しました。

そしてブラジルで念願の土地を与えられた彼らは、その土地からの収穫量を最大化しようとさまざまな工夫を始めます。作物を植える時期を変えたり、土壌改良や品種改良を繰り返したり、肥料の種類や量を工夫したり……。

一方、国が広く土地がいくらでも手に入るブラジルにおいては、「収穫量を増やしたいなら、まだ誰も手をつけていない土地を開墾して畠の面積を拡げればいい」と考えるのが

6 生産性の高め方①
まずは働く時間を減らそう

普通です。つまり日本人農家は長く「土地の面積を増やすのは不可能」という環境で働いてきたからこそ、農地面積あたりの収穫高＝農地の生産性を上げるという方向で考えることができたのです。

いや、それはやっぱり日本人農家が優秀で、日本の農業技術がブラジルより進んでいたからでは？

違います。その理由も歴史から見つけられます。

農業の生産性を計る指標には、「農地面積あたりの収穫高」に加え、もうひとつ、「労働生産性」という指標があります。これは「農業従事者ひとりあたりの収穫高」のことで、「農地面積あたりの収穫高」と並ぶ重要な生産性指標です。

実は日本人農家は、「農地面積あたりの収穫高」の向上には熱心だったけれど、「農業従事者ひとりあたりの収穫高」を上げることには関心を示しませんでした。彼らは日本でも、そしてブラジルでも「たくさんの子供を産んで、農業の担い手を増やす」という方法を採用し続けたのです。

これはまさに「インプット＝人手」を増やして収穫を増やそうという考えであって、ブラジル人農家が「収穫量を増やすには農地を増やせばいい」と考えたのと同じです。
この例からわかるのは、「インプットを容易に増やせる状況においては、誰も生産性を上げようとは思わない」ということです。日本人農家が土地の生産性には敏感な一方、労働生産性に頓着しなかったのは、彼らにとって労働力を増やすのはたやすいことだったからです。そしてブラジル人にとっては、畠の面積を増やすほうが簡単なことだったのです。

戦後、日本で高度成長が起こると、地方の若者は高い給与や便利な生活に憧れ、次々と都会に移り住み始めます。これにより地方の農業は、担い手不足という深刻な問題に直面しました。こうして人手というインプットが容易に増やせなくなると、日本の農家も「人手が増えなくても成果を上げられる方法」を真剣に考え始めます。
その結果、田植え機など農業機械の普及や効果の高い農薬の開発、種子の品種改良などあらゆる分野で農業の生産性を高めるための技術開発が進みました。地方からの若者の流出という「インプット不足」こそが、日本の農業の労働生産性を高めたのです。

このように、誰であれインプットが簡単に増やせる環境においては生産性を高めようとはなかなか考えません。しかしインプットが減り始めると、とたんに生産性を上げる方法

図14 農業での生産性の上げ方：ブラジルと日本の違い

を考え始めるのです。そうであれば生産性を上げるにはなにをすればいいでしょう？

そうです。生産性を上げるためにはインプットを減らせばよいのです。具体的には、労働時間を減らす、家事や育児に使う時間を減らす、学生なら勉強時間を減らすことが、生産性を上げるのに役立つのです。

そんなこと言われても、にわかには信じがたいです。時間が足りなくて困っているのに、さらに時間を減らすなんて……本当にそれで問題が解決するんですか？

気持ちはよくわかります。でも逆説的とも思えるこの方法こそが、生産性を上げるための最善策なのです。その効果は日本とブラジルの農家の例だけでなく、「今の日本で生産性を高めることに成功している人たち」を見てもよくわかります。

ワーキングマザーと外資系企業の社員を見習おう

今、日本で生産性がもっとも高いのは、働きながら子育てをしているワーキングマザーです。彼女らは国際的に見てもとても生産性の高い人たちです。

欧米ではベビーシッターを雇う人も多いし、香港やシンガポールでは育児だけでなく家

6　生産性の高め方①
まずは働く時間を減らそう

事全般を手伝ってくれる住み込みのメイドさんを雇います。途上国の多くでは昔の日本のように、ご近所みんなで育児を分担しています。今の日本のワーキングマザーほど、すべてをひとりでやっている母親は他に例がありません。

彼女らも最初は、自分の睡眠時間を削って育児と仕事に投入するなど、インプットを増やして忙しい生活に対応しようとします。その次は、パートナーである夫に、もっと大量に時間を投入するよう要請します。ここまではインプットを増やすという対策です。

しかし祖父母の助けがない、子供が複数、保育園が遠い、自分や夫の海外出張が多い、もしくは単身赴任などの条件が重なると、労働時間を増やすだけでは回らなくなります。

こうしてインプットが増やせなくなるといよいよ、生産性の向上が始まります。ルンバに掃除をさせたりネット宅配を利用したりといった細かい工夫に加え、職場や保育園に近い場所に引っ越すとか、在宅勤務を会社に申し入れるなど、さまざまな生産性向上策が検討されるのです。

本当は子供がいなくても、また共働きでなくても、同じことをすれば誰でも今よりよほど多くの余暇時間を確保できます。でも、ギリギリ切羽詰まったワーキングマザーでもない限り、それらを実行に移せる人は多くありません。生産性を上げなければと真剣に考えるのは、「そうせざるをえなくなった人だけ」なのです。

企業でも残業削減に取り組むところは増えていますが、まだまだ中途半端です。「水曜はノー残業デー」という会社は、「月火木金は残業してもいい」という会社です。また、「残業は制限されているが有給休暇をすべて取得できている人はほとんどいない」といった職場もみられますが、これは残業時間を有給休暇に置き換えているだけです。

働くほうも、「有給休暇を全部消化しなくても怒られない」「ノー残業デー以外の日は、少々残業をしても問題はない」という環境で働いていると、生産性を高めようという動機が働きません。今年の休暇を諦めることで＝労働時間を増やすことで、問題が解決できてしまうからです。

外資系企業の中には、部下の有休取得率が低いと管理職のボーナスが減らされる企業もあります。そういった企業では、期末近くまで有休を残している部下がいると、上司に呼び出され取得予定を問いただされます。部下が「仕事が多すぎて休暇がとれそうにない」と言えば、仕事のやり方をどう変えればよいか＝どう生産性を高めれば、そんな状態から抜け出せるのか、という話合いが始まります。

『働く君に贈る25の言葉』や『部下を定時に帰す「仕事術」』など多数の著書がある佐々木常夫さんは、肝臓病とうつ病に苦しむ妻の介護、自閉症の長男をはじめとした3人の子供の子育てと、東レという大企業の管理職、そして取締役という重責の仕事を両立してこられました。彼の本を読むと、「介護や育児のため、仕事に投入できる時間が限られていたからこそ、生産性が上げられたのだ」とよくわかります。*

誰にでも同じことができると言うつもりはありませんが、「投入する時間を制限する」ことが、生産性を上げるための鍵であることは間違いありません。「インプットを制限する」――多忙な生活を脱してゆとりのある生活を手に入れたければ、そしてデキる人になりたければ、まずはここからスタートする必要があるのです。

そうか！　オレの会社では、オレも含めみんないくらでも時間を投入すればいいと思ってる。ベンチャー企業だから朝から晩まで働くのは当然だと思ってるんだ。だから生産性が上がらないのかもしれない。ということは……

投入時間を制限すればいーのよ！

インプットを制限する具体的な方法

農家は土地でも人手でも増やせるものはすぐ増やそうとするし、ワーキングマザーも自

＊参考：佐々木常夫オフィシャル WEB サイト　http://sasakitsuneo.jp/profile/

分の睡眠時間をギリギリまで削ってからようやく生産性の向上を考え始めます。だからまだ投入できる時間が残っているという人の場合、相当に強い気持ちを持って「インプットは決して増やさない」と決めない限り、生産性は上がりません。たとえば……

その1　1日の総労働時間を制限する

恒常的に遅くまで働いている人の中には「自分はまだひとり（単身者）なので大丈夫」とか、「妻も仕事で遅いので、今はふたりとも働く時期だと思っています」などと言う人がいます。

こういう考えはとても危険です。なぜならそんなことを言っていると「子供を迎えに行くために早く帰らねば」と思っている人に比べ、仕事の生産性が落ちてしまうからです。

絶対に5時にオフィスを出る必要のある人は、仕事を5時に終わらせるには、どうすればよいか、どんなスキルを身につけなければならないか、さまざまに考え、試してみています。その思考と実践がその人の生産性を上げ、成長を促すのです。

「自分は何時まで働いても大丈夫」と思っていると、生産性が上がらないまま年をとり、子供を育てながら働いている人が子育てを終えたときには、仕事のスキルに大きな差がついてしまいます。

もちろん制約の少ない時期にとことん働くのは、悪いことではありません。でもそういう場合は、生産性を最大限に高めたうえで、好きなだけ働けばよいのです。そうすれば今のまま=生産性が低いまま長く働くのに比べ、はるかに大きな成果が手に入ります。

まずは今の仕事を、特定の時間で終わらせると決めてしまいましょう。たとえば、今、夜の9時までかかっている仕事は6時に終わらせると決めてしまいます。そして、そのためには仕事のやり方をどう変えればいいのか、よく考えてみるのです。

それにより浮いた3時間の使い方はみなさんの自由です。婚活や趣味活動、ボランティアなどに使ってもいいし、働きたければ別の仕事に投入してもかまいません。大事なことは、今の仕事を今より確実に少ない時間で終わらせることです。

その2 業務ごとの投入時間を決める

総労働時間だけでなく、個別の仕事に使う時間も決めてしまいましょう。自分の仕事と部下の仕事の管理というふたつの仕事があるなら、「自分の仕事はすべて午前中だけで終わらせ、午後は部下の指導や管理に使う」と分けてしまうのです。

手がけているプロジェクトが3つあるなら、図15のように、カレンダー上でそれぞれのプロジェクトにかける時間を配分してしまいます。こうすると多くの場合、「どのプロジェクトをやる時間もまったく足りない」と、一目でわかるようになります。

ちなみに、図15のようなカレンダーを作るのは、この通りに働くためではありません。いくら計画を立てても、こんなにキレイに時間を分けて働くことは不可能です。そうではなく、「時間が足りない」という切実な実感を持つために、こうした視覚的な予定表を作るのです。

図15では、1日の時間が3時間×3個に分けられています。そしてプロジェクトAには、月曜の午後と火水木の午前中が割り当てられています。

この3時間という単位は、仕事の管理に非常に使いやすい単位です。30時間と言われると私たちは「それだけあればたいていの仕事は終わるだろう」と楽観してしまいます。30時間の働き方を変えて生産性を上げろと言われても、イメージさえ持てません。

でもこうしてプロジェクトAにかけられる時間を3時間×4個だと理解すれば、月曜日の3時間ではなにを終わらせる必要があるか、火曜日の3時間ではなにを仕上げる必要があるか、という具体的なイメージをもつことができます。

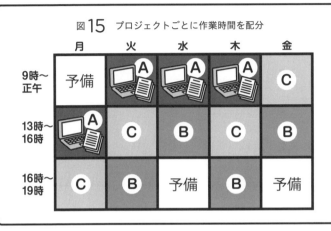

6 生産性の高め方①
まずは働く時間を減らそう

図15　プロジェクトごとに作業時間を配分

	月	火	水	木	金
9時〜正午	予備	A	A	A	C
13時〜16時	A	C	B	C	B
16時〜19時	C	B	予備	B	予備

しかも「とても3時間では終わらない」とわかったときに、「どうやったら3時間で終わらせられるか＝生産性を上げて、3時間で終わらせる方法はなにかないか？」と考えるにも、アイデアを出しやすい長さなのです。

1週間を丸ごとで捉え、「来週は生産性を上げる！」などと誓っても、スローガンにしかなりません。そういう単位では、なんの具体性も伴わないからです。一方、「来週の月曜の午前中には、いつもなら6時間かかるこの仕事を3時間で終わらせる！」と決めれば、具体的な方法を考えることも簡単になります。

また**図15**のスケジュール表では、最初から予備の時間をいくつか残しています。後で説明しますが、スケジュールをめいっぱい使って予定を立てていたら、その予定は「必ず」破綻します。だから最初からバッファーとして予備の時間を確保しておくのです。

こうしてスケジュールに余裕を持たせると、各プロジェクトに使える時間はさらに短くなり、「こんな短い時間ではとても無理だ！」と思える予定表ができあがります。ここではそれこそがポイントです。

生産性を上げたければ、予定表を見たときに「ありえない！」と思えるような予定表になっていないと意味がありません。「これならなんとかなるかな」と思えるような予定表では効果がないのです。

以前、勤めていた外資系企業に入社した直後、頼まれた仕事について「これは今週中くらいにできればいいのかな」と思っていたら、その日の夕方に「あれ、できた？」と言われて驚いたことがあります。最初は「そんな短い時間でできるわけないじゃん」と思うのですが、毎日そうやってチャレンジしているとどんどん生産性が上がり、いつのまにかできるようになってしまいます。

数年後マネージャーとして新人に「じゃ、これやっといて。今日の夕方まで」と指示すると、新人に「えっ!?　これを今日の夕方までに？」と驚愕されるのですが、そのときには、自分も昔はそれくらい生産性が低かったということをすっかり忘れてしまっています。

大事なのは、ありえないと思えるくらい時間の足りない予定表を作ることです。そうしないと生産性は上がりません。5時間で終わる仕事を4時間で終わらせるという目標では、少しばかり手や眼を速く動かし、休憩時間を削ると（＝インプットを増やすと）達成できてしまいます。そういう「ほんの少し背伸びをしたくらいの目標」では、私たちは大きく仕事のやり方を変えようという気にならないのです。

だからどの仕事にも割り当てない時間をたっぷりと確保し、各仕事は「こんな短い時間ではとても無理」という状態にしてから、「その時間内で終わるやり方」をゼロベースで考える——これが生産性を上げるための秘訣なのです。

その3 忙しくなる前に休暇の予定をたてる

もうひとつお勧めなのが、「忙しくなる前に」さっさと休暇の予定を決めてしまうことです。「ヒマになったら休暇をとろう」と考えている人の多くが休みをとれていません。なので、ヒマになるかどうかよくわからないタイミングで予定を入れてしまうのです。そうすれば仕事の締め切りが強制的に前倒しになり、「どうすればこの厳しい締め切りを守れるのか？」と考えざるをえなくなります。つまり休暇の予定を先に入れるのは「休暇をとるため」ではなく「生産性を上げるため」なのです。

具体的には、年の初めに年間の休暇予定を立ててしまいます。ざっくりとでいいので、ゴールデンウィークは台湾に食べ歩きに行く、夏休みは妻の実家の山形に行く、秋口には2泊で温泉と紅葉狩りに、年末は2泊3日でスキーに……といった具合です。

そして家族や会社の同僚など、早めに周りの人に宣言してしまいます。チームメンバーや部下、家族との日程調整が必要な場合、この時点で日程をずらすなり実現可能な形に変更します。そうやって日程が決まったら、すぐにカレンダーに予定を書き込みましょう。

交通機関や宿泊先も可能な限り早めに予約してしまいます。大事なことは、仕事が忙しくなる前に予定をたてて宣言することと、数ヶ月前には予約を入れてしまうことです。

ちなみに私はこの本を11月に出すと決まった時点で、12月初めのパラオ行きの飛行機チケットを「払い戻し不可・日程変更不可」という格安価格で買ってしまいました。案の定、9月下旬になってから原稿の仕上がり具合を心配した担当編集者が「我が社としては12月の発売でも大丈夫ですよ……」と言い出す始末。

6　生産性の高め方①
まずは働く時間を減らそう

ですが、「すみません。もう飛行機チケットを買ってあるのでそれはないです」とお断りし、そこから本気を出しました。もしチケットを買っていなかったら、もしくはチケットの払い戻しや日程変更が可能だったら、「編集者さんがそう言うなら、やっぱり発売日を延期したほうがいいかも？」と日和《ひよ》ってしまったことでしょう。最初からそうなることがわかっていたから、変更不可のチケットを買っておいたのです。

「だったらもっと早くから本気を出せよ」と言われそうですが、もちろんそれまでもサボっていたわけではありません。でも時間に余裕のある間は、たとえ自分では本気を出しているつもりでも、やっぱり１００％の力は出ていません。火事場のバカ力という言葉があるように、自分で自分のお尻に火をつけることで、余裕が残っていては発揮できない力を自分から引き出せるのです。

通常、私たちは「来週どれくらい忙しいか」や「来月、どの程度の仕事が入っているか」は理解できています。そういった具体的な忙しさが見えてしまうと、怖くて休みの予定が入れられなくなります。でも数ヶ月とか半年も先となれば、その頃どれくらい忙しくなっているか、よくわかりません。だから休暇の予定が入れられるのです。

そうすれば、いざそのときが近づき「ありえないほど忙しい……」と思っても、みんなそんなに簡単に休暇をキャンセルしません。そして考え始めるのです。「この忙しいなか、みんなに迷惑をかけずに休暇をとるにはどうすればいいんだ？」と。

こうして、「インプットが増やせないので生産性を上げるしかない」状況に自分を追い込むことで、私たちは初めて真剣に「生産性を高めねば！」と思えるようになります。休暇の予定がなければ1ヶ月かけてやっていた仕事を3週間で終わらせ、残りの1週間は予定通り休みがとれるよう、知恵を絞って考えるようになるのです。

加えて旅行中に万が一のことが起こったときにフォローできるよう、今までは使っていなかったネットサービスを使ってみたり、事務作業しか任せていなかった部下に重要な仕事も任せられるよう訓練してみたりと、あらゆる手立てをとらないと安心して休暇をとることはできません。それこそがまさに先に休暇予定を入れてしまうことの狙いです。

繰り返しますが、休暇の予定を早めに入れる目的は「休暇を確実にとること」ではありません。目的は「自分と周りの人の生産性を高めること」です。そしてその目的を達成しながら、おまけとして休暇の取得も実現するのです。

その4 余裕時間をたくさん確保しておく

6 生産性の高め方①
まずは働く時間を減らそう

前述したように、スケジュールを立てるときには最初から「余裕時間」を確保しておきましょう。最近はネット上でチームメンバーや上司・部下とカレンダーを共有している人も多いと思いますが、そういうとき、たとえば木曜日の午前中は向こう数ヶ月間分を全部「予定あり」と入れてしまいます。すると会議や外出の予定などは最初から、その時間帯以外のところに設定されるようになります。

もし当日になってなにも仕事がなければ、その日は早く帰宅してもいいし、いつも時間がなくてできなかったこと――たとえば、成果が上がらなくて悩んでいる部下の育成方法についてゆっくり考える、などに使えばいいのです。

たとえ数時間でも余裕時間が確保されていると、生産性の向上以外にもさまざまなメリットがあります。ひとつは、突発的な事態に落ち着いて対処できるようになることです。

誰でも同じですが、慌てていると焦って失敗し、リカバーするつもりがさらに問題を大きくしたりと、「いつもはできていること」までできなくなってしまいます。急に体調を崩した、親が倒れた、子供がケガをした、部下がいきなり退職した、など、「想定外」の事態が起こることをあらかじめ「想定」しておくことで、いざというときにも（ほんの少しではあるけれど）余裕を持って対応できるのです。

もうひとつは、直前に飛び込んでくる興味深いイベントにも参加できるようになることです。これだけの情報化社会になっても、すべての予定が事前にわかっているわけではありません。突然ネットで目にしたおもしろそうなイベントに参加したい！と思っても、予定がぎっしりでは身動きがとれません。それらに参加するには「睡眠時間を削ってでも！」という、新たな時間投入（インプット投入）が必要になります。

でも1週間に数時間でも余裕時間を確保できていれば、スケジュールを組み替えるだけで、それらの「後から出会った価値あるイベント」にも参加が可能になります。余裕時間を確保しておくことで生産性が上がるだけでなく、突発事態への備えもでき、かつフットワークもさらによくなるというすばらしい効果が期待できるのです。

その5 仕事以外のこともスケジュール表に書き込む

会社勤めの人から見れば、自営業は自由度の高い働き方に見えるかもしれません。しかしフリーランスや主婦業の人は、労働時間を増やすことが会社員以上に簡単です。

会社員なら土日や祝日、夏期休暇や正月休みなど休むべき日も明確ですが、フリーランスや主婦業の場合は相当に気合いを入れてコントロールしないと、公私の時間はどこまでも混ざり合ってしまいます。スケジュールの柔軟性が高いというのはメリットですが、それがために「きちんと休めている人」は案外少ないのです。

つまり、「自由度が高いと時間が自由になる」のではなく、「自由度が高いと、時間の管理がより難しくなる＝時間管理により高いスキルが必要になる」ということです。そしてそれは、会社員にとっての自由時間である休日や勤務後の時間に関しても同じです。

6 生産性の高め方①
まずは働く時間を減らそう

通常、休日や平日夕方以降の自由時間には、「やりたいこと」と「やらねばならないこと」のふたつがあります。前者はスポーツや飲み会や旅行など趣味の活動、後者は家事や手続きなど生活の維持に不可欠な作業です。

真面目な人はたいてい「やらねばならないこと」だけで休日が消えてしまい、「やりたいこと」はいつまでもできないままです。反対に、やりたいコトだけをやっていて、生活も部屋もぐちゃぐちゃになってしまう人もいます。

多忙な現代に生きる私たちには「いつかヒマになるとき」はやってきません。やりたいことがあるなら、その時間を確保できるよう生産性を上げなければなりません。

ここでもまずは、あの美術展に行きたい、気になっていたレストランに行ってみたいといった「やりたいこと」の予定を、先に（無理矢理にでも）カレンダーに入れてしまいます。早めに友達を誘って前売り券も買ってしまい、そのうえで、その予定が問題なくこなせるよう「知恵を絞る」のです。

外出の予定だけではありません。「録画している映画を観たい」「積ん読になっている本を読み切りたい」といった家の中で行なう予定に関しても、予定表やカレンダーに正式なスケジュールとして記載します。そうでもしなければ、こういった強制力の弱い趣味系の予定はいつまでたっても実現しません。

こうして「やりたいこと」の時間をすべて確保してしまったら、その後で「やらなければならないこと」に割り当てる時間を決めます。「トイレ掃除」や「衣替え」「冬物をクリーニングに出す」など、ついつい先延ばしにしがちな用事も、スケジュール表に書き込むのです。

ここでも大事なのは、「時間がまったく足りない」ことを視覚化することです。カレンダー上では「やりたいこと」の時間を先に確保しているので、「やるべきこと」にかけられる時間は必ず足りなくなります。ここではそれがポイントです。

6　生産性の高め方①
まずは働く時間を減らそう

衣替えや掃除は、やり始めるとすぐに半日くらいたってしまいます。「ちょっと片付けるだけのつもりだったのに、なぜか休日がすべて潰れてしまった」という経験は誰にでもありますよね。

ところが「衣替え」の時間を予定表に入れて確保しようとすると、その時点で2時間なり3時間なり、一定の時間しか確保できないとわかります。「今日は録画している映画を観る予定があるから、衣替えに使える時間は2時間だけだわ」となるのです。

予定も立てずに始めてしまうと、あっというまに5時間かかってしまう作業でも、事前に予定表に時間を確保することで、「どうすれば衣替えを2時間で終わらせられるのか？」と「始める前に考える」プロセスに変更できます。この思考が、生産性を高めるのです。

そう考えれば、「衣類の収納方法を変えて、衣替えが簡単にできるようにしよう」とか、「そもそも1年中、同じような服を着て暮らせないのか？　夏も冬も家の中を快適温度に保てれば、あとは暖かいコートが1枚あればいい。そうなれば衣替えなんて不要じゃないか！」とか、「服の枚数を半分にしたら、衣替えの時間も半分になるのでは？」「服は買わずにシーズン・レンタルのサービスを使ってはどうか？」など、いろいろな方法を思いつきます。

このように、家事についても時間を決めてスケジュール表に書き込むことで「生産性を高めるための思考」が促されます。これがまさに「インプットを制限する」ことの意味なのです。

なのでフリーランスの方は、仕事だけでなくそれ以外の予定もすべて、あらかじめカレンダーに書き込んでみましょう。仕事ではスケジュール管理ができているのに、家のことになるとついつい「時間がなくて」放置しがちという会社員の方も、週末や夕方の専用のスケジュール表を作ってみてください。

ここで「やりたいこと」の時間を先に確保すれば、「やらなければならないこと」に関しては、今までよりはるかに生産性の高い方法を考えなければ乗り切れなくなります。

やりたいことができるようになり、やらなければならないことは早く終わらせられるようになる。まさに一石二鳥なのです。

働く時間を増やすのは〝暴挙〟

「仕事が終わらない」「やることが多すぎる」「私は仕事が遅い」と悩んでいる人の多くが「働く時間を増やす」という暴挙に出ます。そんなことをしたら生産性はますます下がってしまいます。

インプットが増やせる環境で生産性が上がる人はいません。「できるまでやる！」「徹夜してでも仕上げる！」「とにかく頑張る!!」というのは、労働時間の追加投入を是とする超危険な発想です。そんな言葉を口にしている間は、「できる人」にはなりえません。

「インプットを減らす」＝投入する労働時間、稼働時間を減らすことが大事なのは、それによって私たちは初めて真剣に「生産性を上げよう、上げなければ！」という気になれるからなのです。

ビジネスで成功している人の多くが、若い頃の一時期、ものすごく忙しい働き方を経験しています。これを「若いときに苦労したから成功したのだ。だから苦労は買ってでも体験しろ」と言う人がいますが、それは間違いです。正確に言えば彼らは、ものすごく忙しい生活の中で「生産性の高い働き方」を身につけたのです。そしてそれが、後の成功につながっているのです。必要なのは「苦しい思い」という意味での苦労ではなく、生産性を上げる機会なのだということを忘れないようにしましょう。

ちきりんさんはインプットを増やしたらダメって言うけど、こういう状態ならインプットを増やしても生産性は上がりますよね!? これならいいんでしょ？

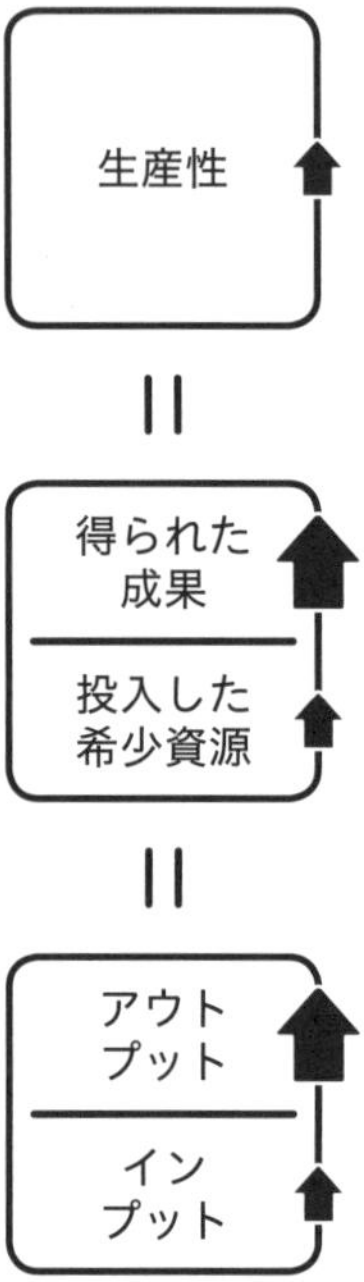

それができるなら、これもできるでしょ!?

はっ！

第7章

生産性の高め方②

全部やる必要はありません

メディアが求める完璧な女性

インプットを減らすのと同じくらい有効なのが、「すべてをやろうとしない」ことです。前章では「インプットを減らすことで生産性が上がるしくみ」を説明しましたが、同様に「すべてをやろうとしないこと」も生産性の向上につながります。

そもそも日本では「なんでも万遍なくできる人がエライ」という価値観が強すぎます。学校ではすべての科目が揃ってできないと、優等生とは呼ばれません。実際にはなんでもソツなくこなせる人より、「できないことも多いけれど、ある分野においては突出している」という人のほうが成功しやすいのに、そういう人は往々にして「バランスが悪い人」などと言われてしまうのです。

メディアが報じる、「女としても、妻としても、母としても手を抜かない」という理想の女性像にも、まったく異なる3つの役割を全部こなせる人がもっとも高い評価を受けるべきだという「あれもこれも」的な価値観が透けて見えます。

ごく最近でさえNHKなどの情報番組においては、「家の中のことはすべて、妻が自ら手がけるのが美徳」という価値観が繰り返し賛美されています。バリバリと働く女性ゲストが登場し、「母としても妻としてもいかに頑張っているか」を語り、キャスターや司会者が「すばらしいですねー」と感嘆する。

続いて紹介されるのは、「私のような怠け者にはとても無理ですが、これからは○○さんを見習って、少しでも頑張りたいです」という視聴者からの声。平日昼間の情報番組を観ているのは子育てを終えた50代以降の専業主婦や定年退職をした高齢男性が多いため、こうした番組には、「家事と育児をすべて自らこなす女性への賛美」が溢れています。

多忙なワーキングマザーがそんな番組を観ているわけではないので、問題はないと思いますか？　私にはそうは思えません。こうした現実離れした価値観を、現役世代より数が多いシニア層に向け、公共放送が先頭に立って刷り込んでいく。それは彼らの投票行動を通して政治家の意思決定に影響を与えるし、姑や親戚から嫁にかけられるプレッシャーにもつながっています。

そして、自宅の周りに保育園が建設されることになったときに反対する人たちの、「なぜそんなにたくさん保育園を作る必要があるのか？　3歳までは母親が育てればいいじゃないか」といった意見にも影響するのです。

娘のために手作りしたお菓子やお弁当の写真をSNSで紹介していたタレント兼実業家

の女性が、とある事件をきっかけに、ベビーシッターなど複数の家事・育児ヘルパーさんを雇っていたと知られたことがありました。そのことについて批判的に伝えるメディアもありましたが、私にはこの女性の生活スタイルはとても合理的に思えます。

彼女は大きなビジネスを率いている経営者です。自分の限られた時間は記念日の食事など娘さんとの思い出を作るために集中的に使い、それ以外の家事は外注する――みんなが同じことができるわけではないにしろ、これこそがまさに「活躍している女性」の好例ではないでしょうか？

にもかかわらず、テレビに出てくる女性の多くが「家事も育児も自分でやろうと頑張っています！」とアピールするのは、そのほうが圧倒的に視聴者の好感度が高いからです。たとえ収入が多くても「お金で人を雇って家事を手伝ってもらっています」などと公言したら、好感度が上がるどころか、場合によっては炎上しかねません。

既婚の女優さんが、「子供を持つことに関心がない」と言えば大きな話題になるし、母や妻として応分の責任を果たしていても、おしゃれに関心がないだけで「女を捨てている」などと揶揄《やゆ》する声も未だになくなりません。

最近は男性でも、「仕事ができ、年をとってもお腹も出てこず、かつ、イクメンである」

7 生産性の高め方②
全部やる必要はありません

ことが求められるようになり、今までのように「男は仕事さえできればいい」という時代ではなくなってきました。男女平等に近づいたのは喜ばしいことですが、すべての人にすべての機能を求めると、多くの人に過大な負担がかかります。

ビジネスパーソンとして活躍し、それなりの収入がある人までお金は使わずに貯金して「家のことは全部、自分でやれ」という社会、そうすることによって世間の好感度が上がるような社会では、子育てと家庭を両立させようとする人は、いつまでたってもブラック企業労働者のような生活から逃れられません。

スゴイ人の内実

世の中には、次から次へと新しいことを手がける人がいます。こういった驚くほどたくさんのコトをやっている人というのは、反対に「誰でもやっていそうなこと」をやっていません。

そして、それらをやらないことに伴う負担を（経済的な負担だけではなく、自分の思うとおりの完璧な掃除が行なわれないことや、他人からの視線なども含め）、引き受ける覚悟を持っています。それは、「そのほうが人生の生産性が高いから＝限られた人生のなかで、できる限りたくさんの〝自分のやりたいこと〟ができるから」です。

たとえば次のような、3人のワーキングマザーがいたとします。

- **味子ママ**……………お料理上手で子供のお弁当はいつも芸術品のよう
SNSに投稿される夕食にも手の込んだ料理が多い
- **すっきりママ**……片付けがめっちゃ上手
子供がいるのに家の中があんなにキレイだなんて信じられない！
- **社長ママ**…………外資系企業に勤めるバリキャリママ。
いつも颯爽《さっそう》としていてオシャレにも手を抜かない

こんなママたちが周りにいたら（もしくは、テレビやネットで大きく取り上げられていたら）焦りますよね。そして我が身を振り返り、「お弁当も！　家の片付けも！　そして仕事も！」と全方位に頑張ってしまいそうです。

でも、もしかしたらその内実は、**図16**のような状態かもしれません。

図16 3人の完璧ママの内実？

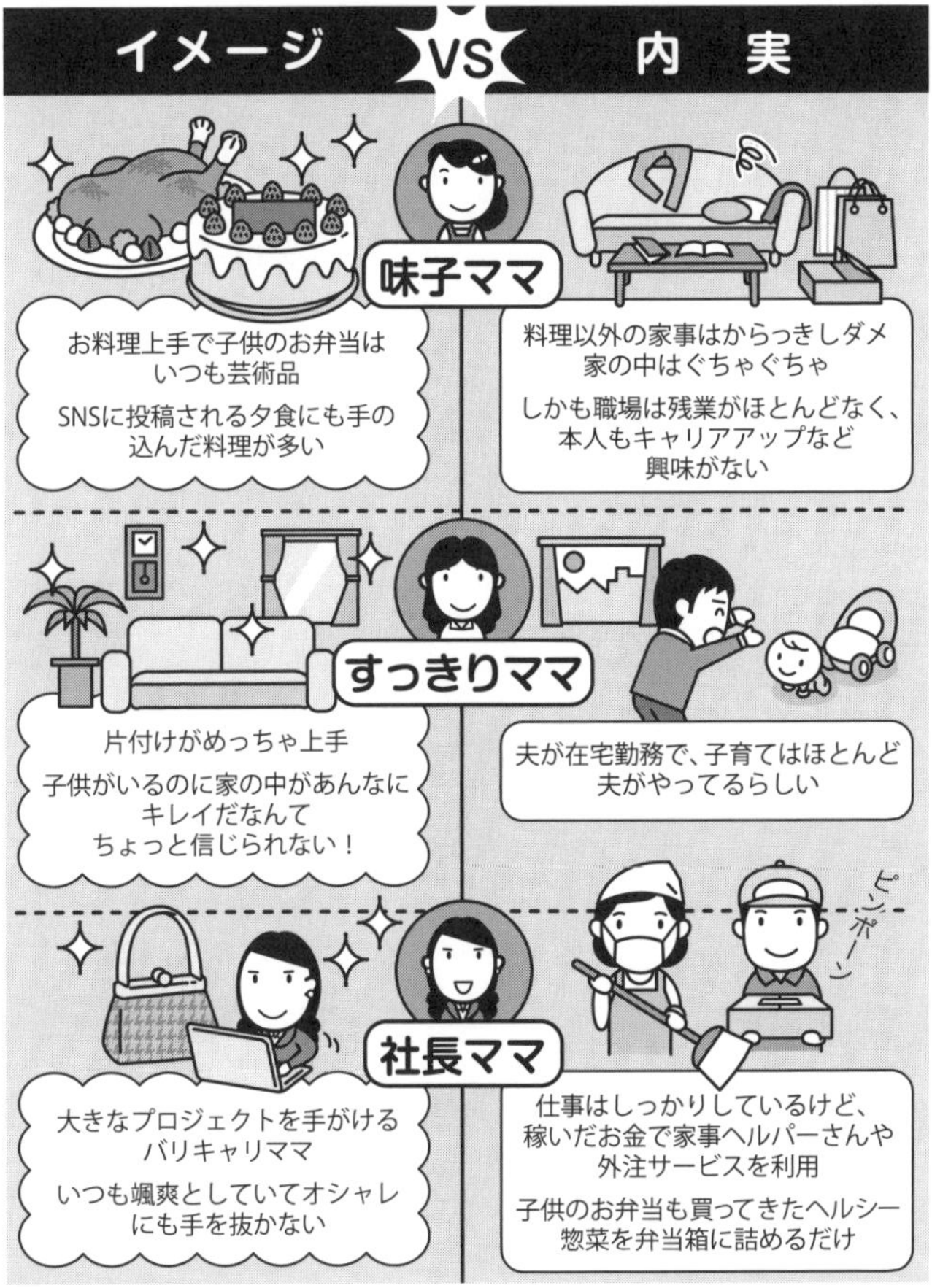

味子ママを見れば「お弁当くらいしっかり作らなきゃ！」と思い、すっきりママを見れば我が家の汚さを恥ずかしく思う。そして社長ママを見れば、「子供がいてもいつも身ぎれいだしバリバリ働いていてスゴイ！」と思えるかもしれませんが、実際にはそれらすべてをやっているママはどこにもいません。

3人ともしっかりやっているところもあれば、自分ではやらないと決めていることもあります。なのに「みんながやっていることは当然、私もやるべき」と考えてしまうと、生活は必ず回らなくなります。

すべてをできない自分を責めたり、落ち込んだりする必要はまったくありません。まずは「すべてできて当たり前」という洗脳から解放されましょう。

人手不足の原因となる「ひとりで全部やれ」思想

私の通っているヨガ教室は、とてもよくできたしくみです。インストラクターの方々（大半が女性）はみな鍛えられた筋肉がキレイで、体も驚くほど柔軟。もちろんヨガの教え方も上手、フレンドリーで生徒のやる気を持続させる話法にも長けています。すばらしいインストラクターが揃っていると思いますが、実はみんな、事務がすごく苦手です。

7 生産性の高め方②
全部やる必要はありません

入会時に料金体系や規約についての説明を聞いたとき、私は大いに混乱しました。説明がわかりにくくて何度も聞き直したし、キャンセル時の扱いを尋ねても要領をえない回答ばかり。「こんな教室に通って大丈夫かな？」と思うほどでした。

ところが「詳しい説明はサイトにあるので」と言われて見てみたそのヨガ教室チェーンのサイトは非常によくできていて、一度読むとすべてが理解できました。しかもレッスンの予約もキャンセルもサイト上で行なえるので、インストラクターの説明が少々不完全でもなんの問題もありません。

これは、「ひとりにすべてを求めないことで生産性を上げている」好例です。私たちは、ヨガのインストラクターに事務手続きが得意であることを求めたいわけではありません。もしこの会社が「ヨガがうまく、教え方もうまく、サービス業としての客あしらいも上手で、かつ、事務手続きも得意な人」を雇おうとしたら、すぐに「人手不足でインストラクターが集まらない」という状態になるでしょう。

でも、煩雑な事務手続きを誰かがまとめて担当すれば、インストラクターは得意な本業だけに専念できます。その「まとめて担当する誰か」がシステム（ウェブサイト）に置き換えられれば、生産性はさらに高まります。

この事例が示しているのは、ひとりの人に「あらゆることが平均以上にできること」を求めるのではなく、その職業に必要な中心スキルさえ持っていれば、後のことは分業やIT化によって補足するからそれでよい、と割り切ることで生産性が上がり、人手不足の解消にも役立つということです。

最近は、保育園を増やそうにも保育士が集まらないと言われています。理由は仕事が大変なわりに給与が低いからということですが、これも発想を変えればいいのです。

保育士の仕事は子供の世話だけではなく、お誕生日会からクリスマスまでさまざまなイベントの準備や、トイレなども含めた園内の清掃、おもちゃや昼寝用の布団などの片付けに除菌、それに事務手続きと多岐にわたります。子供たちが好きな流行曲をオルガンで弾く練習をするのも、保育士の仕事です。子供ひとりひとりについての保護者への連絡帳など、文字で記録を残すことにも多大な時間が使われています。

でも、お正月に節分に七夕にハロウィーンにクリスマスと毎月訪れる季節のイベントの準備を、日本中に数万もある保育所が別々に行なう必要があるでしょうか？　「保育園&幼稚園の季節の飾り付けの専門業者」や「お誕生日会キット」が存在し、それらの準備を保育士がいっさいやらなくてすむようになれば、保育士の資格を持つ人はより多くの時間を子供のために使えます。

7 生産性の高め方②
全部やる必要はありません

子供たちが好きな流行歌のオルガン伴奏も、(ゆっくりのバージョンからノリノリのバージョンまで)ネットからダウンロードして使えるようにすればいいし、毎日の記録を連絡帳に鉛筆で書くより、園児の顔が登録されたサイトに音声入力で録音するほうが、記録時間も短くなるのでは?

私は保育園で働いたことがあるわけではないので、これらの個別施策の有効性について「絶対に正しい」と主張する気はありません。しかし問いたいのは、「保育士は忙しすぎて人手が足りない」と嘆く前に、「こうして生産性を上げれば忙しさも緩和されるはず」という方向で考え、できることはすべてなされたのか? ということです。

外注や分業やIT化は生産性を上げるための極めて有効な手段であるにもかかわらず、「外注も分業もせず、ひとりの人間がすべてを担当すべし」という価値観が、日本ではまだまだ強く残っています。

けれど今後は、人手不足に悩む分野についてはせめてもう少し「どうすればもっと生産性が上がるのか?」と考える必要があるでしょう。そしてそのためにまず克服(是正)しなければならないのが、「ひとりがその職業に必要なあらゆる業務に精通している必要がある」という全方向の優等生を求める価値観なのです。

たしかに、どこのママも私以上に頑張ってるって思ってたけど……もしかしたらみんなそれぞれ目に見えないところで手を抜いてるのかも。
それに、子育てと仕事でおしゃれにまでとても気が回らないのに女を捨ててるなんて言われるのは許しがたいわ。だったらまともに子育てをしていないオトコこそ、父親であることを捨てているって言われるべきですよね!?

そのとーり！

無駄な時間を減らすための具体的な方法

ではここからは、より具体的な方法を見ていきましょう。

その1 「すべてをやる必要はない！」と自分に断言する

上司にやれと言われた仕事はすべてやる必要がある、しかも、言われた通りにやらねばならない、と思っている人がいます。「当たり前じゃないか！」と言われそうですが、そうでもありません。

7 生産性の高め方②
全部やる必要はありません

実は、「そもそもすべての仕事をやる必要はない」と考えるだけで、仕事の生産性を大幅に上げることができるのです。

どんな人にも、そしてどんな職場でも、極めて価値の高い重要な仕事と、それほど価値の高くない仕事があります。それらを「すべてやろう」と考えると、なぜか「大して重要ではない仕事」ばかりに時間が使われます。

というのも、多くの場合「重要で価値の高い仕事」は、「やれば終わる仕事」ではないからです。それらは、しっかりと考え、あれこれと試行錯誤し、いろいろな方向から検討して初めてなんとかなる仕事であり、それでも結果が出るとは限らない仕事です。反対に「どうでもいいような仕事」「優先順位の低い仕事」のなかには、「やれば終わる仕事」「時間をかければ必ずできる仕事」がたくさん含まれています。

このため全部をやろうとすると、ほとんどの人が最初に「やれば終わる仕事」に手をつけます。「どうせ全部の仕事をやらないといけない。だったら、まずはさっさと終わるものからやろう」と考えるからです。

ところが多くの場合、そういう仕事をやっている間に時間はどんどん減っていき、結果として最後に残った難しくて重要な仕事に割り当てられる時間は、ごくわずかなものになってしまいます。

これは、仕事の段取りとしては最悪です。本来は常に「価値の高い重要な仕事」から手がけ、それらに十分な時間をかけたあと、残った時間で価値の低い仕事に手をつけるべきです。ところがそうすることは簡単ではありません。

「すべての仕事をやる必要がある」と考えていると、「この仕事は重要だけれど、簡単には終わらない難しい仕事だ。だからこの仕事に先に手をつけたら、他の仕事が終わらない可能性がある」という不安に襲われるからです。

反対に、「すべての仕事をやる必要なんてまったくない。重要な仕事だけ終わればいいんだ」と思っていると、難しくても重要な仕事に最初に手をつけることができます。「これが一番重要な仕事なんだから、この仕事さえ終わればいい。これさえ終わっていれば、他の仕事は終わらなくても問題はない」と割り切れるからです。

この心理の差は決定的です。「全部をやる必要がある」と考えている人の多くは、やれば終わることからやり始め、付加価値の低い作業で仕事時間を埋め尽くしてしまいます。これでは肝心の重要な仕事では成果が出せません（図17）。

誰でも「重要な仕事からやるべきだ」「重要な仕事により多くの時間を使うべきだ」とアタマではわかっています。でも実際にそうするのは難しい。その「難しいけれど正しい

図17 正しい仕事の順番

方法」を実践するために役立つのが、最初から「すべての仕事を終わらせる必要はない」

と考えることなのです。

メールの返事についても同じです。みなさんは仕事関連で受け取った電子メールのすべてに、返事を書いたりしていませんか？

私はもう10年以上前から、「すべてのメールに返事をする」のをやめています。本来はメールについても、「重要なメールに返事をし、その後に時間が余ったらそれ以外のメールにも返事をする」のが正しい時間の使い方です。でも「すべてのメールに返事をする必要がある」と考えていると、どうしても「時間をかけずに返事ができる大して重要でもないメール」への返答が優先され、日々、月々、そして年単位でみれば、そのために多大な時間が消費されてしまいます。そして、「後からよく考えて返事をしよう」と保留にしていた大事なメールへの返事が遅れてしまうという本末転倒な事態が発生するのです。

「簡単なメールの返事なんて30秒もかからないのだから、価値が低くてもさっさと終わらせればいいのでは？」と思われるかもしれません。しかしすぐに返事をすると、またすぐに相手からリアクションが返ってきます。

7 生産性の高め方②
全部やる必要はありません

私が早々に返事をしたことで、先方に「どうやら、ちきりんもこのアイデアに乗り気らしい」とか「どうやら、ちきりんは今、時間に余裕があるらしい」という誤解を与えてしまうからです。

そして次第に「30秒で返事を書くだけ」ではすまない状況に追い込まれてしまいます。そうならないためには、優先順位の高い仕事がすべて終わるまで、余計なことには目をくれないほうがいいのです。


私の場合、返事をするかどうかはメールを読んですぐに判断します。そして、「これは保留」（＝もう一度メールが来るまで返事をしない）と決めたメールは「アーカイブ」というボタンを押して仮保存し、受信箱から消してしまいます。そうすれば「返事をしなくちゃ、早くしなくちゃ」という自分へのプレッシャーも消してしまえるからです。

なお当たり前ですが、私のほうからなにか依頼をし、相手が返してくれたメールを無視するなんてことはありません。また、私の使っている日本語変換ソフトには、「りょうかい」とタイプして変換を押すと、「了解いたしました。よろしくお願いいたします。」と出てくるよう登録してあります。「せっかく」とタイプして変換すると「せっかくお声掛けいただきましたのに、貴意にそえず大変申し訳ございません。どうぞよろしくご理解のほど、お願い申し上げます。」と変換されます。

なのでほとんどのメールには、「りょうかい」か「せっかく」とタイプするだけで返事ができます。そしてその2語ではすまない返事が必要なときは「今、このメールに返事をするために、私の貴重な時間を本当に使うべき?」と考えるのです。

ここで説明しているのは、人間の思考パターンを利用した「生産性の上げ方」です。「すべての仕事をやる必要はない」「どうしてもやらないといけないこと以外はやらない」と決めることで、「それはどれか?」という優先順位を考える発想が強制的に生み出せ、かつ、「最初に、もっとも重要な仕事に時間を使う」という生産性の高い時間の使い方が実現します。それはとても当たり前のことなのに、最初から「すべてをやろう」と考えていると、なかなか実践できないことなのです。

その2 まず「やめる」

仕事であれ個人生活であれ、多くのことをやっているように見える人は、みんなが当然のようにやっていることをしていません。

7　生産性の高め方②
全部やる必要はありません

私自身もう何年も年賀状を出していないし、名刺の管理もしていません。もらった名刺は小さな箱に放り込んでおき、箱がいっぱいになったら下のほうの名刺（古い名刺）から順に処分します。

フリーランス向けのノウハウ本を読むと未だに「名刺の管理がネットワークの鍵！」などと書いてありますが、今や大半の情報はネット上にあるし、メールも電話も一度すればスマホやパソコンに履歴が残ります。そもそも名刺を交換する必要があるのかさえ不明な時代なのに、名刺管理ソフトや名刺フォルダーまで使って多大な時間とお金をかけるなんてあまりに無駄すぎます。

プライベートでも大掃除など面倒なことに加え、大好きな旅行の手配でさえ大枠の希望だけ伝え、あとは業者に丸投げしてしまいます。「それが可能なのはお金があるからでしょ」と言われるかもしれませんが、それは発想が逆です。

「お金があるから、やりたくないことを他者に任せられる」のではなく、「自分の時間を価値が高いことに集中して使っているから効率よく稼げ、それ以外のことを他者に任せる経済的な余裕が得られる」のです。

「みんながやっていることは自分も全部やる、たとえ効率が悪くても全部自分でやる」と考えていては、貴重な時間が生産性の低い仕事に奪われてしまいます。その結果、外注サービスを利用するための経済的な余裕が得られなくなってしまうのです。

気乗りしない人付き合いを止めるのも、生活の生産性を高めるのに効果的です。何度も断ると悪いから、自分だけ行かないのは申し訳ないからといった理由で、億劫《おっくう》な飲み会に参加する必要はありません。「みんな仲良く」も、脱却すべき横並び価値観のひとつです。

私はなにも人付き合いをすべて止めてしまえと言っているわけではありません。人付き合いに関しても、より生産性の高い方法がないか、考えてみましょうと言っているのです。年賀状は出さないと決める代わりに、フェイスブックに単なるコメントではなく、1年の振り返りや来年への抱負を含めたそれなりの挨拶文を掲載すれば、一言コメントを載せた年賀状より、よほど詳しく近況が伝えられます。

パソコンが得意な人なら、ママ友仲間や自治会で発生する事務仕事を「私がやります！」と率先して引き受けることで、「夕方の当番は仕事の関係で難しくて……」と言いやすくなるのではないでしょうか？

お盆に夫の実家に帰ったとき、「お義母さん、前に掃除機を買い換えたいっておっしゃってましたよね？　いくつかよさそうな商品のパンフレットを集めてきましたよ」とウェブサイトのプリントアウトを渡せば、「今日は疲れているから外食にしませんか?」と言いやすくなるかもしれません。

そういった工夫をせず、常に「相手から言われたことを受け入れるか、受け入れないか」というふたつの選択肢しかないと思い込んでしまうと、「多忙さを受け入れるか、それとも嫌われるか」という究極の選択になってしまい、結果として多忙さを受け入れるしかなくなってしまいます。

「アイロンは当てない(アイロン自体を手放す)」と決めれば、ワイシャツをクリーニングに出すのはもちろん、アイロンの要らない服しか着ない(買わない)といったアイデアも生まれます。「やらなくてもすむ方法が見つかったら、やめたい」と考えていても、いい方法が見つかることはありません。そうではなく、最初に「やらないと決めてから、やらなくてすむ方法を考える」のが、時間を捻出するポイントなのです。

その3 「最後まで頑張る場所」は厳選する

「頑張れば頑張るほど結果はよくなる」という言葉も精神論で、合理性を欠いています。

経験的には誰でも知っていることですが、なんであれ新しいことを始めてスグの頃の頑張りは、簡単に大きな成果につながります。しかし一定の時点に達すると、今までと同じように頑張っても、簡単には上達しなくなります。最初の頃のような「ちょっと頑張ったらスグに上達する」という生産性の高い状態が永久に続くことはありません。

これは学習曲線（Learning curve　ラーニングカーブ）と呼ばれる概念で、図18のように、横軸に学習時間、縦軸に学習の成果をとったグラフで表されます。

この曲線が示しているのは、ゼロから8割のデキまでは2割くらいの時間で到達できるけれど、残りの2割を仕上げて完璧を目指すには、今までの4倍（8割分）もの時間がさらに必要になるということです。

どの時点であっても、時間をかければその分、上達はできます。しかしそのペースは、ある時点（☆時点）から一気にペースダウンします。このため学びの生産性を気にしない人は、この☆時点から後、延々と「まったく上達が実感できないのに、頑張り続ける」という状態に突入します。

もちろん世の中には、完璧を目指さなければならない場合もあります。職人や技術者などで、最後の詰めがすべてだという職業の場合や、なんらかの分野で世界トップを争って

7　生産性の高め方②
全部やる必要はありません

図18　学習曲線のイメージ

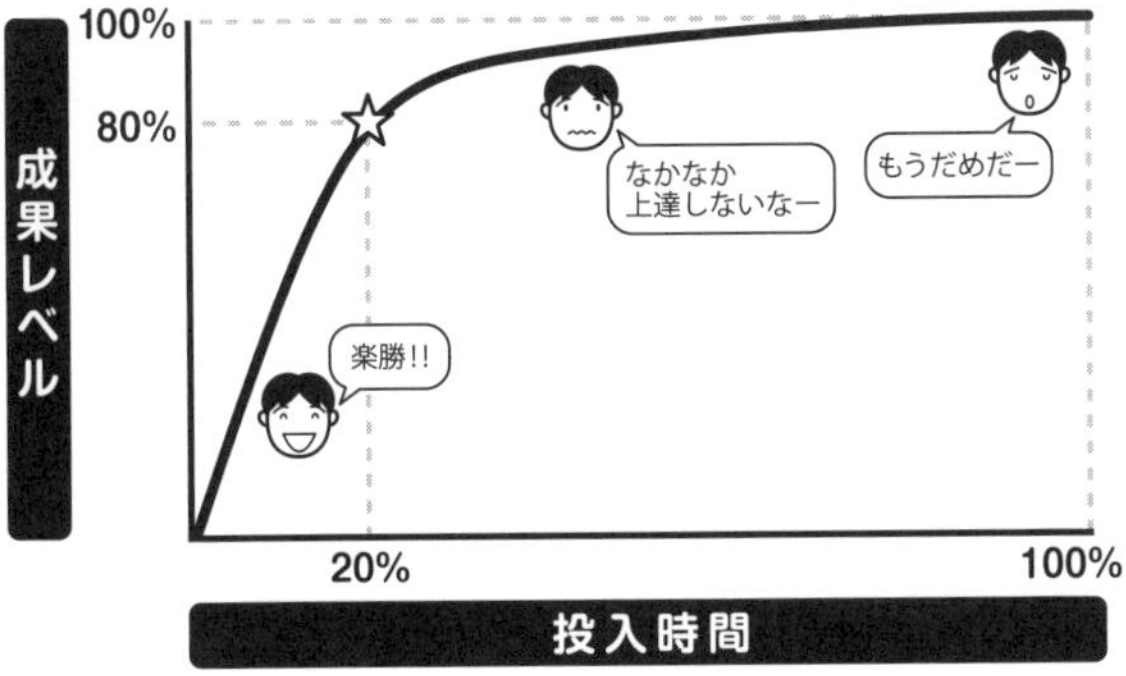

いるような人は、最後の最後につくほんのわずかな差で勝敗が分かれます。

だから「これは自分にとって勝負の分野だ！」と思えるなら最後まで頑張るべきだし、むしろ☆時点（20／80の時点）がスタート地点であって、そこからが本当の勝負です。

でも自分にとって大して重要ではない分野なら、☆時点に達したところで止めるというのが、ひとつの合理的な判断です。なぜならここから先は、ホンの少しの成果を上げるためにも多大な時間が必要とされる＝とても生産性が低いフェーズに入るからです。

大事なことは☆地点に達した段階で、「これから先は相当の時間がかかる。それでも自分はこの分野でもっと先まで進みたいのか？」という意識的な選択をすることです。

語学の勉強などがその典型ですが、旅行会話や日常会話レベルの英語力を身につけるのは、そんなに難しくありません。しかしビジネスで交渉ができる英語力を身につけるのは、相当の時間を費やしても容易ではありません。世の中には日常会話ができるようになってからも延々と英語の勉強を続けている人がいますが、それは人生の貴重な時間の使い方として、正しい選択でしょうか？

反対に、ちょっとやればすぐ上達する初心者レベルの段階では、興味のあることにはどんどん手を出せばよいのです。なぜならなんでも最初のうちは、とても学びの生産性が高いからです。

まったく料理をしたことのない人でも、1年ほど料理教室に通うことで簡単な料理ならスグに作れるようになります。スポーツでもゲームでも写真の撮り方でも、最初の1年から2年は学びの生産性がとても高いのだから、やりたいことや趣味を見つけたい人は、気軽に始めてみればよいでしょう。

多くのことに手を出し、その大半を数年でやめてしまう人のことを「なにをやっても中途半端な人」などと批判する人がいますが、私はこのスタイルのなにが悪いのかわかりません。こういう人は、自分の貴重な時間を学びの生産性が極めて高いフェーズにのみ投入している、とても合理的な人です。

「途中で止める」コトに伴う意味のない罪悪感にとらわれず、「学びの生産性が低くなってきたな」と思ったら、「これは本当に自分にとって、希少資源である時間を投資すべき分野だろうか？」と考えましょう。「頑張り続ける」のではなく、「ここは自分が頑張るべき分野なのか？」と考え厳選すること。それが重要なのです。

その4 時間の家計簿をつける

自分の生活のなかで「生産性の低いこと」「止めるべきこと」を探すには、1週間でいいので、朝から晩までなにをしていたか、1時間ごとの詳細な行動記録を作ってみるのが役立ちます。そうするとなににそんなに時間がかかっているのか、手にとるようにわかります。誰に見せるものでもないので、正直に記録してみるのがポイントです。

これはいわば「時間の家計簿」です。お金の無駄遣いを減らすには、一定期間のすべての支出を記録して家計簿をつけますよね。お金ではなく「時間が足りない！」と感じているなら、同じように時間の使用記録をとるのが最初の一歩です。

お金が貯まらない人の家計簿にはたいてい「なにに使ったかわからない」多額の使途不

明金が見つかります。同様に、常に時間が足りないと悩んでいる人の「時間家計簿」にも多くの使途不明時間が見つかります。使途不明金の大半が無駄遣いであるように、使途不明時間もまたその大半が無駄な時間です。まずはそれがどれくらいあるのか、記録をつけて探してみましょう（図19）。

使途不明時間の存在しない正確な記録ができあがったら、その中から「これは止めたい」「完全に止めるのは無理だが大幅に減らしたい」と思える項目をピックアップします。そしてそれを止めたら本当にオオゴトになってしまうのか、実は止めても大した問題ではないのでは？　と、先入観を捨てて考えてみるのです。

1ヶ月には土日が8日、祝日が平均1日以上あります。週休2日の会社に勤める人なら月に9日は休みだということです。その合計時間は、毎日10時間の睡眠時間を確保した後でも9日×（24時間－10時間）＝126時間にもなります。

いったい自分はその時間を毎月なにに使っているのか？　減らしたい時間と増やしたい時間はどれなのか。データに基づいて考えてみるのです。仕事ならPDCA（Plan→Do→Check→Action）サイクルを回しますよね。それは個人生活の生産性を上げるにも、とても有用な方法です。

図19 時間の家計簿（例）

番号	項　目	平日	休日
1	睡眠	6.5時間	10時間
2	朝の準備＋朝食	1時間	1時間
3	通勤（往復）	1.5時間（片道45分）	—
4	仕事	9時間	—
5	ランチ	1時間	1時間
6	夕食	1時間	1時間
7	家事	1時間	2時間
8	入浴、トイレ、着替えなど	1時間	1時間
小計		22時間	16時間
残り		2時間	8時間
9	（以下、自由記載）		
10			
11			
合計		24時間	24時間

ちなみに私の友人はこのやり方で時間の使い方を見直した結果、買い物・料理・後片付け・生ゴミの処理や冷蔵庫の整理など、食事関連の作業に想像よりはるかに長い時間がかかっていると気がつき、その後の食生活を大幅に見直しました。

朝ご飯はパン、ミルク入りコーヒー、ヨーグルトとフルーツといった統一メニューに限定、昼は外食、夜はオンラインでまとめて注文できる「材料が使い切りの調理セット（カット野菜と下処理済みの肉や魚など必要な食材がまとめてレシピと共に届くセット）」しか使わないと決めてしまったのです。

これにより、朝ご飯に必要なものを週に一度、買いにいく以外はスーパーに行く必要もなくなり、後片付けも（野菜を切ったり下ごしらえをする必要がなく、包丁とまな板さえ使わないので）大幅に時間が短縮。冷蔵庫の整理も不要になったうえ、生ゴミが出ないのでゴキブリも見なくなったと大満足していました。調理セットは生の食材よりは割高ですが、家には調味料さえ備える必要がなくなったうえ、廃棄食材もゼロになったのでコストもあまり変わらないそうです。

時間家計簿は、ゴールデンウィークや夏休み、もしくは期末や年末など特別な時期限定で作ってみても、翌年への改善点があれこれ浮かび上がります。寝るヒマもないほど忙しいときにさえ「こんなことにこんな長い時間を使ってたんだ……」と、愕然とするような時間の無駄遣いが見つかったりもするし、「なぜ長期休暇はなにもしないうちに終わってしまうのか!?」という長年の疑問にも答えが出るはずです。

最近はスマホやタブレットに使いやすいスケジューラーなどもあり、記録をとるのも簡単になっているので、いつも「時間が足りない！」と思っている人は、ぜひ試してみてください。

さっそく作ってみまーす！

変わり始めたトレンド

包丁不要の調理セットもそうですし、ネットスーパーもそうですが、最近は、「自分がやりたいこと以外には、できるだけ時間を使いたくない」という人をサポートする商品やサービスが増えています。

たとえば化粧品の分野では、数年前からBBクリームという、下地や日焼け止め、それに美容液からファンデーションまで、複数の機能をすべて併せ持ったクリームが売れています。これまでの化粧品は「キレイになるためには努力を惜しまない女性」向けに作られていました。でもBBクリームは違います。これは「忙しいので、短時間で化粧を終わらせたい女性」のための商品です。

その背後には、「化粧は職場のエチケットなのでやらざるをえないけど、楽しくもなく好きでもないので、できるだけ短い時間で終わらせたい＝化粧の生産性を高めたい」という考え方があります。

自動掃除機のルンバは、ほとんどの人が嫌いな掃除をやらずにすませるための商品でしたが、今まで「楽しみなコトであるはず」と位置づけられていた化粧についても、生産性を上げるための商品が開発される――同様の商品やサービスは、これからもどんどん増えていくはずです。そのためにも消費者が「生活のこの部分の生産性をもっと上げていきたい。私はこんなことに長い時間をかけたくはないんです！」と積極的に声を上げることが大切です。そうすれば、企業は生産性を高めることに役立つ商品やサービスをより積極的に開発するようになり、結果として社会の高生産性シフトがさらに進んでいくこととなるのです。

第8章

高生産性社会に生きる意味

新ビジネス普及の鍵は生産性格差にある

今となってはもうほとんどの人が忘れていると思いますが、アマゾンが日本でamazon.co.jpを開いて営業を始めたとき、「果たしてアマゾンは日本で成功するのか？」という議論がまじめに行なわれていました。

アメリカのように書店まで車で30分以上という場所も多い国とは異なり、日本では通勤途中に立ち寄れる書店がたくさんあるとか、雑誌や漫画は発売日にキオスクやコンビニで買ってその場で読めたほうが便利なはずだとか。そういう理由で「アマゾンは日本ではあまり大きくならない」と言っている人が少なからずいたのです。

スマホも同じです。ｉＰｈｏｎｅが発売されたとき、日本はガラケー文化だからとか、折りたためないと不便だとか、今では信じられないような理由でスマホの苦戦を予想する人がいました。

実名のフェイスブックも日本では定着しないと言われたし、洋服や靴のように試着が必要な商品のネット販売も流行らないと言われていました。Ｕｂｅｒについては今でも「地方では便利だろうが、東京のようなタクシーが簡単につかまる都市では拡がらない」という意見があります。

でも、アマゾンもスマホもあっという間に普及しました。ファッションに敏感な若い女性もネットで洋服を買うようになっています。これらはすべて「社会の高生産性シフト」の典型例です。

本でもその他の商品でも同じですが、買いたい商品が特定されているとき、わざわざ家を出て店舗まで買いに行くのは非常に生産性の低い活動です。東京に住んでいても、自宅から都心の大型店まで行くには地下鉄や電車に乗って片道30分はかかります。商品を買い、重い荷物を持って帰ってくるには全体で2時間が必要でしょう。

中規模都市で、書店まで徒歩10分のエリアに住んでいる人でも、10分かけて訪ねた書店に目的の本があるかどうかはわかりません。在庫がなければ他の書店に回るか（でもそちらにも在庫があるかどうか不明だし）、取り寄せを依頼すれば、数日後に書店から連絡をもらい、再び受取りのため書店に向かうことになります。

こう書くとよくわかりますが、「買いたい本を書店に買いに行く」というのは、驚くほど生産性の低い活動なのです。それが家で商品を検索してクリックするという1分ほどの活動に置き換えられる——生産性という観点でみれば、これは革命的な変化です。

一方、私がブログで紹介する「イチオシの本」は今でもリアルな書店で見つけた本ばかりです。ネット書店は「買いたい本を買う」生産性は高いけれど、「おもしろい本と出会う」という目的に関しては生産性が低すぎて使う気になれません。

また、無名著者の地味な本がヒットするにも、まずは「リアル書店で売れる」ことが不可欠です。ネット書店で売れるのは有名著者の本、テレビやネットが取り上げた本など指名買いされる本ばかりで、ブームの起点を作ることができません。この機能においても、両者の生産性にはまだまだ雲泥の差があると言えます。

スマホとガラケーも（今ではそんな比較をする人もいないでしょうが）、当時はスマホの長所と短所、ガラケーの長所と短所という形で詳細な比較が行なわれ、それに基づき日本でもスマホは定着するのか、という議論が行なわれていました。

でも、そんな細かい比較はどうでもいいんです。生産性という観点から見たときに、どれほど大幅な向上が実現するか。この一点だけを見れば、その商品やサービスが消費者に受け入れられるかどうかは判断できてしまいます。

自動運転車に関して、事故のときの責任を誰がとるのかというのは、たしかに大きな問題です。しかし東京から大阪、大阪から九州へと人間がトラックやバスを運転するのと、自動運転車が勝手に行って帰ってくるのを比べたとき、その生産性の違いは明らかです。さまざまな問題があったとしても、これだけの生産性向上を伴う変化が拡がらないはずがありません。

一方で、電気自動車や水素自動車が普及するかと言われたら、私にはよくわかりません。これらは今のガソリン車に比べて、なんの生産性をどれくらい向上させるのでしょう？燃料の生産性（燃費）が何十倍にもなるなら普及するでしょうが、燃料かドライバーか車自体か、なんらかの生産性が劇的に改善しない限り、普及には時間がかかると思います。

このように、開始時点で少々の不便さや文化への不適合があっても、普及するのは圧倒的なレベルで生産性を向上させる商品やサービスであるというのが、社会の高生産性シフトなのです。

医療や現金制度も大きく変わる

今後、生産性が大幅に上がり、これまでの常識が根本から変わってしまうと予想されているのが医療分野です。第3章では人工知能が癌の治療法について人間の医師にアドバイスをしたという事例を紹介しましたが、ここ数年で「紙の本」という言葉がすっかり定着したように、今後は「人間の医師」という言葉も普通に使われるようになるはずです。

そもそも専門病院の数は少なく、立地も大都市に集中していて、地方からこれら専門病院にやってくる人たちが使う時間は、往復の移動時間6時間、待ち時間2時間、診療時間30分であったりします。

北朝鮮の独裁指導者は病気になると欧州から医師を招いているとも言われますし、日本の離島でも病院に通うためには泊まりがけで出かけなければならない人がいます。どう考えてもこんな生産性の低いシステムがいつまでも残るとは思えません。規制や既得権益者からの少々の反発があったとしても、早晩、ＩＴを駆使した遠隔治療が急速に普及していくでしょう。

加えて医療分野では、創薬や投薬の生産性も大幅に高まると言われています。精神病関連の薬や抗癌剤などは、同じ病気の患者に同じ薬を使っても、高い効果の出る人とまったく効かない人が極端に分かれます。このため症状や検査結果から「おそらくもっとも効果が高いであろう」と思われる薬が最初に投与され、その結果をみて、効かなければ次の薬が処方されるのです。

これは一種の人体実験ですが、今はそういう方法しか特定個人に効く薬を見つける方法がありません。しかし今後は、患者本人の遺伝子を持つ細胞を体外で大量に作り、研究室でそれらの細胞にさまざまな薬を投与し、効果の大きい薬を選んでから患者本人に投与することも可能になります。

これは、「特定個人にベストな薬を選ぶプロセスの生産性が何十倍にも上がる」ということです。「効果があるとわかっている抗癌剤だけを投与できる」ようになれば、治療効果が上がり患者の負担を減らすだけでなく、医師の時間も有効活用され、医療費の削減にもつながります。

創薬に関しても、特定の疾病にかかった患者の細胞を大量に作り、研究室で新薬の効果を測定できるようになるのですから、今までより圧倒的に早く効果的な薬を見つけ出せるようになるでしょう。

現金というのも生産性の低いシステムです。使う前には銀行やコンビニまで行ってお札を引き出してこないといけないし、使う際には財布から取り出し、お釣りを確認して財布に戻す必要があります。小銭は重いし、落としたり盗られたりしたときに、他者が使用するのを止めるしくみもありません。

店側は毎日多大な時間を使ってレジの現金を数え、売上と照合して確認する必要があるほか、強盗に遭わないよう気をつけながら現金を銀行まで運んでいます。そもそも深夜のコンビニだって、レジに現金がなければ強盗に入られることはありません。現金は〝強盗ホイホイ〟なのです。

しかも他国では使えないので、海外渡航時には両替する必要があり、そのたびに高い手数料をとられます。そのうえ偽札まで横行している――「代金を決済する」というシンプルな成果を得るために、ここまで多大な手間とコストのかかる生産性の低いシステムが、いつまでも残るはずがありません。

昨今はフィンテック（Finance と Technology を併せた造語）という言葉をよく聞きますが、これも現在の金融制度の生産性が極めて低いと気づいている人が、そこに大きな可能性を見いだしているからです。

選挙に至っては、有権者がわざわざ投票所まで足を運び、紙に鉛筆で候補者名を書き、その様子を複数の監視員が見張っていて、投票が終わると投票箱が厳重に警備されながら一ヶ所に集められ、多数の人間が夜を徹して票を数える。さらに間違いがないか数え直す――この時代によくこんな生産性の低いプロセスが残っているものだと驚きます。

「ネット投票では個人の自由意志での投票が確保されない」とか「ハッキングされて結果が操作されたらどうするんだ」といろいろ心配する人（＝できない理由を探すのが好きな人）はいつまでも残ります。

しかし「自分が当選させたい人の名前を選挙管理事務所に伝え、集計する」というだけの成果を得るために、ここまで経費と時間がかかる生産性の低いシステムは、人口が少なくITレベルの高い先進的な国から、順次淘汰されていくことでしょう（人口132万人余りのエストニアでは、すでにネット投票が実現しています）。

このように医療や貨幣経済の根本的なしくみ、そして民主主義を支える選挙制度など、現代社会のインフラとも言える多くの分野において、今後は生産性の大幅な向上が起こります。それは私たちの生活のあらゆる場面を、大きく変えてしまうことでしょう。

高生産性シフトが経済成長の新たな源泉に

日本を含めた先進国での生活は、とても便利で豊かに見えます。しかし生産性という観点から見直すと、それはまだまだ生産性の低い、あまりに無駄の多い社会です。

反対から見れば、これは大きなチャンスだということでもあります。どこの国でも第1次産業が第2次・第3次産業にシフトする過程で高度成長が起こり、国も企業も個人も大幅に豊かになりました。しかしその後、先進国の大半は低成長時代を迎えています。

みんな、これ以上豊かな生活のイメージが思い浮かばないため、お金があればなにが欲しいかと聞かれても「特に欲しいものはない」などと答えてしまうのです。そんな状態では、稼いだお金の大半は貯蓄に向かってしまうし、そもそも働く意義さえよくわからなくなってしまいます。それが、できるだけ働かず、最低限の暮らしができればいいと考える人の増加理由でもあるのでしょう。

高度成長期の若者たちは、「テレビや洗濯機などの便利な家電や、オシャレな洋服や美味しい食べ物などたくさんのものに囲まれた豊かな生活」を、いつか手に入れたい憧れの暮らしとして具体的にイメージできていました。そして給与が入るたび、それらを購入していました。

当時の人たちの「買いたいものリスト」には、「次のボーナスでテレビを買い、来年のボーナスで冷凍冷蔵庫を買って、再来年のボーナスでは車を……」というように、何年も先まで具体的な商品名が載っていたのです。

今、私たちの身の回りにはモノが溢れていて、何年かけてでも手に入れたいと思えるものなど、ほとんどありません。先進国の多くがデフレに見舞われ、金利をマイナスにまで下げざるをえなくなっているのは、いくらお金を供給しても、みんな欲しいものがなくてお金を使わないからです。

ところがこの一見豊かな社会も、生産性という観点から見るとそこらじゅうに問題のある低生産性社会です。

通勤時間も、病院の待ち時間も、渋滞中の運転時間も、つまらない授業をずっと座って聞いていなくちゃいけない時間も、現金が足りないといってATMを探す時間も、スーパーでレジに並ぶ時間も、本当に無駄な生産性の低い時間です。

スマホの普及によって通勤時間の生産性も少しは上がりましたが、多くの人が電車の中でスマホゲームに興じているのは、ゲームがおもしろいからというよりは、通勤時間内の生産性を上げる、より有効な方法が他にないからでしょう。

「会社に着いたらやらなければならないこと」「帰宅後にやらなければならないこと」が通勤中にスマホでできるようになれば、多くの人はゲームの前にそれをやるはずです。

時間だけではありません。モノの生産性も非常に低いです。家にも学校にも病院にも会社にも、使われない時間が非常に長い家電や備品やスペースがたくさん残っています。

日本ではひとり暮らしを始めるとき、個々人がそれぞれ家電製品を買い揃えます。そのうち冷蔵庫と電子レンジくらいはフル活用されていそうですが、洗濯機や掃除機などは、ものすごく稼働率（生産性）が低いのではないでしょうか？

アメリカの賃貸アパートでは、空調はセントラル管理、掃除機は部屋の壁に吸引口がついていて、付属の専用ホースを挿すとゴミを吸い込むしくみになっています。洗濯機も共用フロアにコインランドリーが並んでいるため、アパートの部屋を借りる人は冷暖房機も掃除機も洗濯機も買う必要がありません。日本でもシェアハウスが増えてくれば、「全員が自分専用の洗濯機や掃除機を持つなんて、生産性が低すぎるよね」と気づくはずです。

これからは、空き時間、空きスペース、空き道具、空き才能など、あらゆる「有効活用されていないもの」の生産性を上げるビジネスが生まれてきます。生産性が何十倍にも跳ね上がるしくみやサービス、そして商品が実現すれば、私たちの生活は今より格段に豊かなものになるでしょう。

高度成長期の若者がクーラーや自動車のある豊かな生活に憧れたように、これからの若者は週休3日、通勤時間ゼロ、待ち時間ゼロの豊かな生活に憧れるようになります。そしてそういった生活を実現する生産性の革命的な向上こそが、長らく低成長に悩んでいる先進国にとっての次の経済成長の源となるのです。

私自身、ここ数年の間にある程度のお金をかけて買ったものをみると、どれもこれも生活の生産性を上げてくれるものばかりです。

たとえばテレビの全自動録画機を買ったことで、過去3週間分のテレビ番組をオンデマンドで観られるようになり、テレビ視聴の生産性が劇的に上がりました。安くても7万円、ハイエンド機では15万円もするため、これを「録画機」と考えれば高すぎてワリに合いません。しかし「テレビ視聴の生産性を大幅に上げる機械」と考えれば、高くはありません。なぜならこのマシンのおかげで、私の人生における無駄な時間が大きく減少したからです。つまり私が買ったのは録画機ではなく、私の人生の時間なのです。

10万円近くするお掃除ロボットを買う人の気持ちも同じでしょう。また自動運転車が実現すれば、ドライブに行くのに（自分で運転する必要のある）レンタカーが1日1万円、自動運転車の場合は5万円だと言われたとき、後者を選択する人もたくさん出てくるはずです。このように高生産性シフトは、先進国がふたたび高度成長を実現できる大きなチャンスとなるのです。

個人にとっての意味

こうして急速に社会の生産性が高まることの、個人にとっての意味合いはどのようなものなのでしょう？

せっかく生産性を大幅に上げられるサービスや商品が登場しても、「生産性が高くなることの価値」を理解できない人は、それらを利用（購入）しません。そしてひたすらに自分の時間を投入し続けたり、不便な（生産性の低い）商品を使い続け、自らの希少資源である時間やお金を浪費してしまいます。

自動運転車が実現しても「機械は信じられない」とか「自動運転車は高いから買わない」といって自分で運転をする人は、運転時間という生産性の低い時間を、自分の人生のなかから捻出しなければなりません。自動運転車に乗って通勤し、その間に仕事をすませてしまう人に比べて、人生で得られるものが減ってしまうのです。

生まれたときから一度も掃除機をかけない（ずっとルンバを使っている）人と、頑なに「あれではキレイにならない」「掃除くらい自分でやるべきだ」といって掃除機を自分でかける人では、一生の間に得られる余裕時間が大きく違ってくるはずです。

ひとつひとつは小さな時間でも積み重なれば巨大な差になります。生産性を高めようとしない人は、積極的にそうしようとする人に比べ、自分が本当にやりたいと思うことに使える時間やお金が確保しにくくなるのです。

一方で積極的に生産性を高めようとする人にとっては、とてもいい時代がやってきます。

起業家にとっても大きなビジネスチャンスの到来であり、マーケット感覚のある人にはワクワクの止まらない時代になるでしょう。

価値観も変わってきます。日本には「手足を忙しく動かしている状況を高く評価する」という妙な風潮があります。机に向かい、ノートと本を拡げてひっきりなしに筆記具を動かしていると、「頑張って勉強している」と言われますが、ソファに寝転んで一点を見つめていると、たとえ頭の中ではさまざまな新しいアイデアについて考えていても「ぼーっとしている」とか「サボっている」と言われるのです。

コンピューターを使えば数分でできることを数時間かけて手作業でやっている人は単に生産性が低いだけです。しかし、額に汗して何時間も必死で手作業を続ける人のほうがエライ（あるべき姿）と思われるような環境下で長く過ごしてしまうと、生産性の重要さはなかなか理解できません。

「一生懸命頑張る」のは悪くありませんが、「頑張らなくても高い成果が出せる方法を考えつくほうがすばらしい」ということをしっかり理解すべきでしょう。毎日2キロ離れた井戸まで水を汲みに行く途上国の子供たちを見たとき、「一生懸命働いていてエライ！」と褒めるより、「蛇口をひねればすぐに水が出る環境を整えるべき」と考えるほうが、よほどまともなのです。

社会の生産性を左右する個人の意識

個人の生産性に関する意識のレベルは、社会の生産性にも大きな影響を与えます。

たとえばネット投票を導入する国は、従来型の投票方式を使い続ける国に比べて選挙にかかるコストが大幅に低くなり、そのために使われていた予算と人手を、他の行政サービスや福祉のために使うことが可能になります。

これを個人の立場から見れば、それぞれの国の国民が、自分たちが納めた税金を「候補者の名前が書かれた紙を数えるための人件費」に投入したいか、それとも、他の行政サービスのために投入したいか、選ぶ権利があるということです。

医療サービスの生産性が高まれば、限られた時間で今より多くの患者を診察できるようになり、医師の収入が増え、待ち時間が減った患者もその時間を別のことに使えます。

しかし、個人の病歴や治療に関する情報を「機密性の高い個人情報だから、絶対に共有すべきでない」と考える人が多い国では、医療サービスの生産性は上がりません。それらのデータがビッグデータとして蓄積・解析され、人工知能が最適な治療方法を医師にアドバイスできるようなしくみが実現するかどうかは、国民の選択にかかっているのです。

つまり、個人が生産性の高さを評価しない国では、社会の生産性も上がらないということとです。それは、国家予算（税金）や行政サービス（公務員の時間）という希少資源が、生産性の低いことに投入され続けるということを意味しています。

日本でも最近は、法定の最低賃金が少しずつ上がっていますが、これももっと一気に引き上げたほうがいいのかもしれません。というのも最低賃金が低いと、生産性意識を持たない企業でも生き残ることができるからです。

最低賃金の引き上げに反対し、海外からの労働者受け入れに積極的な企業というのは、安い労働力が豊富に入手できないとビジネスが成り立たない生産性の低い企業です。一方、アマゾンなど生産性に極めて敏感な企業は、すでに倉庫内の商品ピッキングや箱詰めなどの仕事を、完全自動化しようと動き始めています。

すべての企業が生産性に敏感になれば、いわゆるブラック企業（ブラック職場）はこの世から消えていきます。人間の時間を大量投入することが不可欠なビジネスというのは、原理的に生産性が低くなるからです。

人間は眠る必要もあるし、飲んだり食べたりする必要もあるので、1日のうちの稼働時間がキカイの3分の1から半分しかありません。だからリアルな人間を付加価値の低い業務に使い続ける企業は、遠からず淘汰されてしまうのです。

このことを個人の立場から見れば、時間で勝負するような仕事、時間さえかければ終わるような仕事からはさっさと脱出しなければならないということです。今は主婦パートの代表ともいえるスーパーのレジ打ちの仕事だって、そのうちなくなってしまいます。大組織に勤める正社員についても、時間を投入することで乗り切るというインプット投入型の働き方からどう脱却するのか、そろそろ真剣に考え始める必要があるでしょう。

働き方も変わる

この本の執筆中、ヤフージャパンが週休3日制を検討していると報じられました。これはすべての社員が「今は月曜から金曜まで5日間かけてやっている仕事を4日間で終えられるよう、生産性を上げよ」と求められているということです。

同社は台風で交通機関の乱れが予想される日の前日に、自宅勤務が可能な社員は出社しなくてもよいというメッセージも流していました。台風で大混乱する交通機関を使い、普段の何倍もの時間をかけて通勤をすることの生産性の低さを理解しているからでしょう。日本でもこのような、生産性に敏感な企業が増えるのはすばらしいことです。

一方で、未だに過労死を出すほど社員を働かせ、そのことを問題とも思っていない前時代的な企業も存在しています。どちらの企業がこれからの高生産性社会を勝ち残っていけるのか、答えは火を見るより明らかです。

今の日本では、休日のとり方も生産性の高いものではありません。日本の祝日数は先進国の中では一番多いのですが、これは有給休暇の取得率が低いため、祝日を作って強制的に休みを増やし、年間の総労働時間を減らそうとしているからです。

しかしこうやって「みんなが一斉に休む」スタイルは、交通機関の混雑や渋滞、ホテルや観光施設での混雑、そして待ち時間の長さにつながります。もしみんなが平日にバラバラに有休をとって遊びに出かければ、ホテルも観光施設も高速道路もより有効活用されて生産性が高くなるし、遊びに行く人の生産性も上がります。

平日はガラガラなのに連休中には客を断らざるをえないホテルや旅館は、平日に休みをとる人が増えれば得られるはずの売上をとり逃しています。つまり休暇がバラけることで、行楽地の売上は今より高くなり、そこで働く人の収入も高くなるのです。

このように生産性を追求すると、人の働き方の問題に行きつきます。今後は他の先進企業からも、週休3日や4日制、夏期だけや冬期だけといったピークシーズンのみの雇用、

1日5時間労働、在宅勤務といったさまざまな働き方が出てくるでしょう。それにより、私たち個人の人生の過ごし方も大きく変わっていくはずです。

チームの生産性を高めるというチャレンジ

働き方に関して、生産性という観点からみてまだまだチャレンジングなのは、チームでの働き方です。

これまでは、チームを組んで仕事をするのは「同じ組織に属している人」たちでした。外注先のメンバーを含むチームであっても、いつも同じメンバーでチームを組むなど、事実上、固定化したメンバーでプロジェクトを行なうのが普通です。

なぜかと言えば、固定メンバーならみな同じビジネス常識を共有し、ヒエラルキーも明確で、誰がリーダーシップをとるか、誰がなにに責任を負うか、なども最初から決まっており、とても生産性が高いからです。

しかし今後は、プロジェクトごとに必要な技術や知識を持つスタッフが集まってチームを組む——そんな働き方が増えると予想する人もいます。クラウドワーキングサイトやフェイスブック・グループなどができ、プロジェクトごとにメンバーを集めることが、昔よりはるかに容易になったからです。

しかも本来はそのほうが、常に同じ組織の人だけでチームを組むより、生産性は高くなるはずです。なぜなら組織には必ず「ほとんど価値を出していないのにコストだけはかかる（給与だけ受け取る）フリーライダー＝タダ乗りする人」がいるし、リーダーシップもないのに肩書きだけで上に立つ管理職から否定的な意見を言われたり、余分な書類の作成を求められたりすることも多々あるからです。

また、プロジェクトの進行状況に応じて必要なスキルを持ったメンバーを随時入れ替えることもできるので、その生産性は理論上、組織型よりはるかに高くできると思われます。

ところが現実には、こういった新しい働き方の生産性はまだまだ極めて低いレベルにとどまっています。誰がリーダーシップをとるのか、それぞれの責任と分担をどう決めるのか、といったチーム形成に多大な時間がかかるうえ、それぞれが常識と考えるビジネス慣行も異なるため、スムーズなコミュニケーションのためにも余分なエネルギーが必要になるからです。なので今のままでは、組織型の働き方が一気にプロジェクト型の働き方に移行するということは起こらないでしょう。

ですが、多くの人が「初めて会うメンバーといきなり高い生産性で働くためにはどうすればいいのか」というノウハウを持ち始めれば、話は変わります。

今は、一度プロジェクト型で働いた経験のある人の多くが、「やっぱりプロジェクト型の働き方は生産性が低い」と判断し、そのまま諦めてしまっています。でも、一度の失敗にめげず、その失敗から「どうすれば寄せ集めメンバーで組成したチームでも高い生産性で働けるのか」という教訓を抽出し、それを次回のプロジェクトに活かして生産性を高めることができれば――プロジェクト型チームの生産性も、少しずつ高められます。

図20は、私が取材したあるプロジェクト型チームが実際に直面した問題とその解決策をまとめたものです。*寄せ集めメンバーで働いたことのある人なら、誰もが一度は直面したことのある課題ばかりなのではないでしょうか。

組織型の働き方に関しては、長年にわたって蓄積された多くの知恵が共有されています。でもプロジェクト型の働き方に関しては、課題の洗い出しも、また、その対応策の検討も始まったばかりです。新しい働き方が定着するかどうかは、個々人がこうした失敗から学びを得、より生産性の高い働き方を取得できるかどうかにかかっています。

今はまだそういう人が多いとはとても言えませんが、生産性に対する意識の高まりが、

＊ http://d.hatena.ne.jp/Chikirin/20160901

図20 寄せ集めプロジェクト成功の鍵

寄せ集めプロジェクトの課題		生産性の上げ方
無責任な発言が多く、議論が拡散して収束しない	➡	**民主的な運営を行なわない** 熱量とコミットを伴う発言は重く、とりあえず言ってみただけの傍観者発言は軽く扱う すべての発言を平等に扱うという民主的なアプローチをとらない
最初は大いに盛り上がるが、その熱量が維持できない	➡	**こまめにアウトプットを出すことでチームのやる気を維持する**
社長や上司がいないため、全員の意見が一致すること以外は決まらない	➡	**最初に意思決定プロセスを確立する** 意見が一致するまで話合いを続けることは不可能（それだと永久に議論を続ける必要が出てくる）という前提で、「誰がなにをどう決めるのか」を話し合い、合意しておく
意見を言う人はたくさんいるが動く人は少ない	➡	**行動の有無をメンバー絞り込みの基準とする** 目的意識があり、自ら動く人だけを中心メンバーとして残していく
ノウハウや技術、専門性やネットワークなどを持つキーパーソンの巻き込みが難しい	➡	**キーパーソンに覚悟を示す** メンバー全員でコミット（あなたをおいて逃げ出したりはしないという覚悟）を示し、キーパーソンをチームに招く
時間的になかなか集まれず、コミュニケーションが進まない	➡	**コミュニケーションツールを使い分ける** 順調に進んでいるときはメッセージアプリで、問題が起こったら電話（スカイプ）で解決する。また、リスクテイクをする決断の際には必ず集まるなど、コミュニケーションツールを意識的に使い分ける

新しい働き方が社会に定着するかどうかを決めていくのだということは頭の片隅に置いておきたいものです。

貧困問題と生産性

最後に、「社会の高生産性シフトから恩恵を得られるのは強者だけなのでは？」という疑問について、答えておきたいと思います。

少し前に、テレビで取材を受けた「貧困家庭の高校生」の生活振りが、ネットで批判されるという事件がありました。テレビに映った高校生の家にはモノが溢れており、その子のアカウントだとされたＳＮＳには、外食ランチの写真などがたくさんアップされていたからです。

とはいえその子の家にはクーラーもなく、高校卒業後に希望する専門学校にも経済的な余裕がないため進学が難しいとも紹介されていました。ネットで話題になったのは「この家庭は本当に貧困家庭なのか」という議論でしたが、私はこのニュースを別の視点から興味深く見ていました。

この高校生の家庭は貧困かもしれませんが、スマホは持てています。なぜか。理由は、スマホの生産性が極めて高いからです。今や格安スマホなら月に2000円で持つことができます。それにスマホさえあれば固定電話もテレビもパソコンもゲーム機も漫画も電卓もカメラも腕時計も音楽プレーヤーも要らないのだから、スマホはとても生産性の高い商品なのです。

SNSに投稿されていたさまざまな外食。なぜ貧困家庭の子供でもイタリアンレストランで食事ができ、流行りのパンケーキなど美味しいデザートが食べられるのか？　理由はサイゼリヤを始め日本には、圧倒的に生産性の高い外食チェーンが山ほどあるからです。

なぜ貧困家庭なのに家にはモノが溢れているのか？　グローバリゼーションをフルに活用する100円ショップの生産性がめちゃくちゃ高いからでしょう。もしくは、もともと数万円もするような高価な商品でも、メルカリなど個人売買サイトを通じて定価の何分の1といった値段で購入できるからです。誰かが要らなくなったモノが他の人に格安で譲り渡される個人売買サイトは、まさにモノの生産性を高めてくれるビジネスです。

では、なぜこの家にはクーラーがないのでしょう？　電力事業の生産性が低くて、電気が高すぎるからでしょう。クーラーの機械自体は今やそこまで高くありませんが、夏にクーラーをつけていると電気代はすぐに1万円近くになってしまいます。だから経済的に苦しい家庭では、たとえクーラーがあってもスイッチを入れず、暑さを我慢する人がたくさんいます。

電力の販売は自由化されたので、これから少しは安くなります。しかしもっと安くするには、発電・送電システムの高生産性化が必要です。今は火力発電所で燃やされる石油エネルギーの半分ほどしか、電力として活用されていません。残りのエネルギーは発電時に熱エネルギーなどとして放出されてしまうからです。

イノベーションが起こって発電の生産性が大幅に上昇すれば、電気代は今よりはるかに安くなり、貧困家庭でもクーラーが利用できるようになるはずです。

もうひとつ。なぜこの高校生は進学できないのか？　教育機関の生産性が低くて、授業料が高すぎるからです。教育機関の生産性が低いのは、ＩＴ化やグローバリゼーションが進んでいないからです。

高等教育機関の生産性が上がり、今、数年かけて教えていることを1年で教えられるようになれば、もしくは、ＩＴを活用して世界中に授業を配信できるようになれば、ひとりあたりの授業料は今よりはるかに安くできます。

飛行機のパイロットでさえフライトシミュレーション（バーチャルリアリティ）で操縦技術を学ぶのだから、実技を伴う専門学校の授業の多くだって、新しい技術を積極的に使えば、もっと高い生産性で教えられるはずです。そうすれば経済的に困難な状況にある家の子供も、進学を諦める必要はなくなるのです。

貧困家庭の子供らが大学進学をするため、奨学金という名の多大な借金を抱えてしまうことが問題になっていますが、大学が生産性を上げ、4年分を1年で教えるようになれば、生活費は1年分しかかからず、借金（奨学金）の額も大幅に減らせます。

お金に余裕のある家庭が、生産性の低い学校に多額の授業料を払うのはともかく、借金までしてあんな生産性の低い教育サービスを買わなければならないなんて、本当に馬鹿げたことです。

「可哀想な貧困家庭の子供」がテレビで取り上げられると、「もっと福祉制度を充実させるべき」とか「無償の奨学金を増やそう」という話ばかり出てきますが、生産性という視点で見ると、まったく異なる解決方法も見えてきます。

生産性が高くなるということは、限られた希少資源が最大限に活用され、今より何倍も大きな価値が生み出されるということです。それにより今よりずっと安い値段で、今よりはるかに高い価値が手に入れられるようになります。社会の生産性が上がって得をするのは、決して強者だけではありません。すべての人がより豊かな生活を手に入れるためにも、社会の高生産性シフトはとても重要な役割を果たすのです。

それよりも、週休3日制の実現などで休みが増えれば、個人として生きる時間が増えていきます。最初は趣味や家族に時間が使えて嬉しいと思いますが、一生の間で合計すれば、週1日の休日の増加は膨大な「個人としての人生の拡大」を意味します。

職業人としてではなく、個人としてどのような人生を送りたいのか、仕事以外では、人生の時間をなにに使いたいのか。今よりはるかに強く、生きる意味について問われる時代がやってくる——それこそが高生産性社会を迎えるにあたって、多くの人が直面する本当の課題なのかもしれません。

終　章

それぞれの新しい人生

さらにデキる男　正樹

生産性向上の必要性を痛感した正樹は仕事のやり方を大きく変えた。まずは週5日のうち、自分が担当するプロジェクトに3日、部下のプロジェクトのために2日を使うと最初から決めてしまった。昇格前は自分のプロジェクトのために5日を使っていたのだから、3日で終わらせるには大胆な割り切りも必要になる。

これまでも仕事は選んできたが、最近は〝超〟がつくほど仕事を厳選している。成功したときのインパクトが経済的に大きいことはもちろん、自分でなければできない仕事、内容的にも革新的だと思えるものにしか手は出さない。

仕事のプロセスも見直し、「顧客ミーティングには原則として資料を持参しない」と決めた。もちろんプロジェクトが始まればさまざまな実務資料は必要だ。でも営業段階で行なわれる会合のために、毎回、資料を作るのは無駄が多い。この段階ではむしろ相手の考えをじっくり聞き、最後にひとつだけ「さすが」と唸らせる企画書を出せばいい。

なかには「資料がないと、後から上司に説明できない」と戸惑う顧客もいたが、そういう（＝意思決定者がミーティングに出てこない）顧客とは、結果として距離を置いたほうが得策だとも割り切った。

さらに業者や顧客から「一度お会いしたい」と言われるたび、「まずはお電話で」と答えることにした。電話だと余計な雑談もなく早々に用件に入れる。1時間のミーティングが30分の電話ですめば、行き帰りを含め合計2時間の所要時間が30分になる。

部下との会議も、月曜の午後と木曜の午前など、毎週同じスケジュールで行なうことにした。突発的な「今ちょっとお時間をいただけますか？」といったミーティング要請は、緊急時以外は受けつけない。厳しいようだが、部下にも時間の大切さを理解してもらうためだ。代わりにプロジェクト関連資料はすべて共有サーバーに保存し、資料の修正もサーバー上で行なうように指示した。これで部下の仕事振りは（少なくとも資料のでき具合は）ミーティングをしなくても完全に把握できる。

加えて月に1日だけだが、第2木曜日は原則、仕事を入れないことにした。この日は講演会や他業界の集まりに出かけたり、仕事に役立つ話題の店を観に行くのに使っている。時にはキャリアについて悩む部下の相談にのったり、他部門のマネージャーと情報交換をする場合もある。

正樹の目標は、「今の仕事をうまく回す」ことではなく、「さらに次のステージに進むこと」だ。これまではそのための投資時間を削ってまで細かい仕事をしていた。しかし、細かい仕上げが生み出す価値は大きくない。自分の満足度は上がるが、生産性は大して高くないのだ。

「ものすごく不思議なコトが起こっている」と正樹は感じた。今まで5日かけてやっていた仕事を、今は3日でやっている。それなのに「忙しくなった」のではなく「余裕ができた」とさえ感じられる。

夕方、正樹は来週からの新婚旅行に備え、終業のベルと共にパソコンの電源を落とした。

「10日間の休みもとれないようでは、次のステップには進めない」――そう心の中で呟きながら。

吹っ切れた母　ケイコ

ケイコは冷蔵庫から凍った弁当パックを取り出した。昼時には自然解凍され、普通に食べられるようになる便利な商品だ。しかも最近は卵、小麦、エビなど、さまざまなアレルギーに対応したおかずがネット通販で売られている。前は弁当くらい母親が作るべきと思っていたが、「なんでもかんでも自分でやる必要はない」と思い直した。自分が体を壊したら、それこそ子供らには大迷惑だ。

夫と子供を送り出した後、ケイコはリビングの一角に作った仕事コーナーに向かった。実は今月から週に2日、自宅勤務をすることになったのだ。上司が誘ってくれたプロジェクトに参加すると決めたとき、ケイコはダメ元で提案してみた。「プロジェクトにはぜひ参加したい。けれど今のままでは時間的に難しい。週に2日を在宅勤務にしてもらえれば、通勤時間分だけでも週4時間、仕事時間が増やせ、時短勤務分をカバーできる」

社内に制度があったわけではないが、上司が後押ししてくれ、実現した。最近はワーキングマザーも増えており、人事部としても在宅勤務の実験をしてみたかったようだ。

毎週土曜日にはハウスクリーニングのサービスを依頼した。3時間の間に、水回りの掃除、居室やベッドルームの掃除機かけ、洗濯までやってもらえる。その間、ケイコは娘と時間を過ごし、今まで週末には水回りの掃除を担当していた夫も、今日は息子にキャッチボールを教えると、朝から近くの公園に出かけていた。

通販の定期お届け便も利用を始め、自分で日用品の買い物に行くのもやめてしまった。毎週末にトイレットペーパー、紙オムツ、離乳食、シャンプーや洗剤類、ティッシュなど、次の1週間に必要な消耗品がすべて届く。定期便を申し込んでいるので、注文さえしなくていい。そもそもこんなどうでもいいものを、なぜあれだけ多忙な自分が買いに行く必要があったのか。今となってはそちらのほうが理解できない。

さらに日曜日の夕方には、クッキングヘルパーさんが訪ねてくる。一緒に夕食の準備をした後、ケイコが夫や子供とご飯を食べている間、ヘルパーさんが翌週の夕食分として日持ちのする総菜を何種類も作ってくれる。

最初は自分が食事をしている間に他人を働かせるのは気が引けたが、ヘルパーさんから「私には料理くらいしか得意なことがないのに、こうやって仕事ができ、誰かのお役に立てるのはとても嬉しい」と聞いて一気にラクになった。それぞれが自分の得意なコト＝生産性の高いことに集中すればみんながハッピーになれるのだ。

もちろん出費は増えた。ケイコの給与の多くが家事サービスの支払いに消えていく。それでも子供と遊べる時間や睡眠時間が確保でき、かつ、プロジェクトへの参加も可能になった。夫にイライラする回数も一気に減った。

今の時点でもっとも大事なのは、仕事のチャンスを逃さないことと、子供たちと触れあう時間を確保することだ。掃除や買い物を自分ですることは、それに比べれば明らかに価値が低い。自分が本当に欲しいモノを明確にすることでいろいろなことが割り切れた。

長男のお受験も止めた。お金や時間の問題ではない。息子はおっとりした性格だ。だからこそ少し無理をしてでも、ストレートで大学まで行ける学校に入れたいと考えていた。しかし数少ない息子の友人たちは、みんな近隣の公立中学に行くらしい。友達を作るにも時間がかかる息子を彼らから引き離し、電車通学が必須となる私立中学に入れるのが本当に本人のためになるのか、疑問に感じ始めたのだ。

本人も「今のままでいい」と言っている。やりたいことも特にないようだが、それもゆっくり探していけばいい。もはや「いい大学、いい会社」に入ればいい人生が手に入る時代ではないと、ケイコも夫もよくわかっている。

夏休みは義父母と一緒にハウステンボスに行くことにし、3世帯向けのコネクティングルーム（複数の部屋が内ドアでつながっている）を予約した。これなら3食とも外食できるし、常にベッドがあるから疲れたらみなで昼寝をするのも簡単だ。こちらから提案した話だから費用は払うと申し出たが、現地の滞在費の大半は義父が払ってくれた。

ケイコは義父母に大型のタブレットをプレゼントした。これを使えば、テレビ電話で孫たちの顔を見ながら話をしてもらえる。さっそく義父の誕生日に、息子がネットカメラの前でハッピーバースデーを唄ったら、大喜びしてくれた。今年はきっと大量のサクランボが送られてくるに違いない。ケイコはそれがとても楽しみだった。

終　それぞれの新しい人生

ラオスにて　陽子

陽子はメコン河沿いに並ぶカフェのオープンテラスから、大河に沈みゆく大きな夕陽を眺めていた。対岸は隣国のタイで、陽子がいる場所はラオスの首都ビエンチャンだ。

「休暇がとれたらラオスに行きたい」――お気に入りのブロガーが書いたラオス旅行記を読んだときから憧れていた。ゆったりと流れるメコン河を眺めていると、いつも仕事をしている狭苦しい部屋とは、まったく異なるスピードで時間が流れていく。

ようやく「ヒドい会社」を辞めたのに、気がついたらまた同じような働き方をしていた。そう気づいた陽子は、勇気を振り絞って働き方を変えた。もちろん簡単なことじゃなかった。陽子は半年前、「人生で初めて仕事を断った日」のことを振り返った。

依頼主は数ヶ月に一度、思い出したように仕事を発注してくる客だった。依頼が入るのはいつもギリギリのタイミング。おそらく他のワーカーが急に仕事を降りたため、駆け込み寺のように陽子に発注してくるのだ。

「スケジュール的に厳しいので……」と生まれて初めてお断りメールを書いたときは、送信ボタンを押す指が緊張で震えた。自分は今までずっと断られるほうの立場にいた。リーマンショックの直後に就活をしていた頃は、毎日何通ものお断りメールを受け取っていたのだ。

陽子はそのときの経験から、どれだけ文面を丁寧にしても、断りメールが持つ冷たさを隠すことはできないと理解していた。あれほど絶望させられ続けたお断りメールを、今は自分が出そうとしている。沈みそうになる気持ちを振り絞って送信ボタンを押した。

初めて仕事を断られた先方は驚いたようで、「追加料金を払うからそこをなんとか……」と連絡してきた。3年の付き合いのなかで、単価アップのオファーは初めてだ。

「仕事を全部受けていたら、単価は一生上がらないわよ」とアドバイスしてくれたフリーランスの先輩がいる。でもその言葉を聞いたときは、意味がよくわからなかった。断ったら仕事が減るだけだ。なぜ単価が上がったりするのか。

今後もあの会社が依頼をしてくるか、それとも他のフリーランスに仕事を回すか、それはわからない。でも後者であっても、それはそれでもういいと思えた。

今まで、フリーランスとして「売れる」というのは「多忙になる」ということだと思っていた。でも本当の意味で「売れる」というのは、「自分のペースで仕事を選んでいても、仕事の依頼が途切れない」ということだ。それだけの技術を身につけ、それだけの実績を上げなければ、いつまでも長時間労働の生活からは逃れられない。

ずっと優等生だった陽子にとって、「一生懸命、頑張る」のは、今までは完全に善だった。でも今はもうそうは思っていない。やるべきことは頑張ることではなく、頑張らなくてもいいだけの技術を身につけることだ。

フリーランスの世界には、自由を求めて独立したのに単価の安い仕事に追いまくられ、その自由を失ってしまう人がたくさんいる。その一方、限られた仕事を選んで引き受け、適切な労働時間で高い収入を得ている人もいる。自分はそのどっちになりたいのか。答えは明白だった。

ずっと働き詰めだった自分へのご褒美として、カレンダーも見ずに3ヶ月後にラオスに行く、と決めた。気が変わらないよう旅行代金もさっさと振り込んだ。

休暇が近づくと他にも断らねばならない仕事が現れた。でも、初めてのときのような緊張感はもうなかった。フリーランスで働く人の中には、有名企業からの仕事なら格安で請け負う人も多い。たしかに実績のない新人ならそうすべきかもしれない。でも「有名企業だから」という理由で安く仕事を引き受け続けたら、どこかで「この人はそういうレベルの人だ」と認定されてしまう。

陽子は引き受ける仕事を2種類に絞った。ひとつは単価が高くて得意な仕事。そしてもうひとつが、新しい技術に挑戦できる背伸びの必要な仕事。自分をアップグレードできる仕事なら、少々単価が低くてもいい。それがいい結果につながるかどうか、今はまだわからない。でも今までの働き方の先に明るい未来が存在しないことは火を見るより明らかだった。だったらやり方を変えるしかない。

もう絶対に、あんな生活には戻りたくない。自分の時間を取り戻したい。自分の人生は発注主のためではなく、自分自身のために使いたいのだ。

メコン河に沈みゆく夕陽を見ながら、陽子は自分で自分に勇気を与えるかのように軽くグラスを掲げ、ひとり夕陽に乾杯をした。

世界を目指して　勇二

あれから1年。勇二はますます忙しく働いていた。実はあの後、長く外資系企業で働いていた女性マネージャーを、組織改革の責任者として引き抜いた。

「アジアをはじめとし、グローバルに通用する企業を目指したい。今はまだ小さいけれど、このビジネスモデルは世界でも通用するはずだ。なのに組織がそれについてこない」――そう言う勇二の言葉に、女性マネージャーは答えた。「まずは今までより圧倒的に高い目標を各部内に示してください」

「1日18時間働けばできる目標を与えると、みんな18時間働きます。それでは単なる長時間労働にしかならない。でも100時間かかる目標を1日分として与えれば、みんな仕事に優先順位をつけなければならなくなる。仕事のやり方も変わります」

「無茶な量の仕事を振れということですか？」とひとりの統括マネージャーが聞き返すと、

「仕事の量の問題ではありません。今の仕事のやり方を根本的に変える必要があると、理解してもらうためです。圧倒的に高い生産性を達成しなくちゃいけないんだと、みんなに示すために、24時間働いても絶対に間に合わないレベルの高い成果目標を掲げてほしいんです」

それ以来、勇二をはじめとする経営陣は、各部門にこれまでよりはるかに高い目標を期限を切って与えるようになった。反発は当然に起こった。「これじゃあブラック企業だ！」

しかし毎週のミーティングでその目標への進捗状況をチェックし始めると、各部門の働き方にメリハリが出てきた。みんな、働く時間は変わっていない。これまで同様、長く働いている。しかしあまりにやることが多いため、「つまらない仕事、価値の低い仕事にはいっさい時間を使うべきではない」という意識が急速に浸透した。

女性マネージャーは、大企業から転職してくる中途採用組へのオリエンテーションも担当した。「価値があると思ったことはなんでもはっきり言ってください。その代わり他のメンバーからも遠慮なく、なんでもズケズケ指摘されます。でもイジメじゃないから誤解しないで。うちの組織は生産性をものすごく重視してるんです。相手の気持ちを慮ることで、コミュニケーションの生産性を下げないでください」

彼女がそう釘を刺したことで、会議で冗長な資料説明をする新人には「読めばわかる資料は説明しなくていいよ」と声が飛び、慎重で悠長な手続きを持ち込もうとする大企業出身者には、「今はプロセスの丁寧さより優先すべきことがあるはず」と直言する社員が現れた。摩擦を避けることより、仕事の生産性を上げることが大事だからだ。

労働時間の長い社員はみな、定期的に彼女とミーティングをすることにもなっている。怒られるわけではない。どんな仕事にどれだけの時間がかかっているのかを洗い出し、一緒に「生産性を上げる方法」を考えるためだ。

時には「えっ！　この分析に10時間もかかってるの!?」といった、やや大袈裟な彼女の声がオフィスに響き渡る。なかには彼女から「これ、10時間かかってますって、相手に伝えたほうがいいよ」と言われた新人が、隣の部署のマネージャーにそう伝えたところ、「えっ、オレが頼んだ資料、そんなに時間がかかるの？　じゃあ要らないよ。そこまで重要じゃないし」と言われ、いきなり仕事がひとつ消えたという笑えない話まであった。

それにしても勇二が部下に出したメールにさえ、なかなか返事が戻ってこないことが増えたのには苦笑してしまう。今まではみんなどんなに忙しくても、勇二のメールにはすぐに返事をしてきていた。――「あれは内容が大事だったからじゃなく、オレが社長だったからなんだ……」今は彼女の指導を受け、みんな「社長からの依頼でも優先順位を考えて、すぐやるべきか、それとも後でいいか、自分のアタマでちゃんと判断して！」と指示されている。

すべての仕事を終わらせる必要はない。すべてに完璧を期す必要もない。大事なのは、メリハリと優先順位だ。

勇二は時計を見た。新しく雇った女性マネージャーは文筆家としても活動しており、毎日5時には退社する。それでも彼女はしっかり成果を出している。生産性の高い働き方ってこういうことなんだなと、勇二を含めみんなが理解し始めていた。これなら子供を持ちたい女性だって、出産後も働き続けたいと思ってくれるだろう。

今日も彼女の退社の挨拶がパーティションの向こうから聞こえてきた。

「そんじゃーね！」

さいごに　～人生のご褒美～

私は小さな頃から「成長したい」と思ったことがほとんどありません。取り立てて夢も目標もなかったので、成長しなければならない理由がわからなかったのです。

ところが高校生になった頃、そんな私にも絶対に手に入れたいと思う生活が現れました。それは「東京でのひとり暮らし」です。チャリで1時間も走れば全域が把握できてしまう地元の地方都市は退屈すぎたし、お風呂に入る時間まで指定される親や祖父母との暮らしはあまりに窮屈だったからです。

とはいえ東京に出してもらうためには、親が（地元を離れてもいいと）認めてくれるレベルの大学に合格する必要があります。しかし勉強を始めたのが遅かったので、短期間で成果を大きく上げる勉強法を編み出さないと、夢の実現は不可能でした。

そこで私は勉強そのものより、効率のよい勉強法を考案することばかりに熱中し始めました。生産性という言葉は知りませんでしたが、あのとき私は人生で初めて生産性を高めようと必死になったのです。

念願かなって東京でのひとり暮らしが始まると、今度は大学生の間に体験しておきたいことが山ほど現れました。海外にも行きたい。イベントにも参加したい。いろいろな人と話をしたい。本も読みたい。お芝居や映画も観に行きたい。クラブ活動にも参加したいし飲み会にも行きたい。いろいろお金がかかるからバイトも必要！

加えて学業もおろそかにはできません。当時、女性の就職環境は今よりずっと厳しく、卒業後も東京に残り続けるためには、いい成績が不可欠だったからです。

やりたいことは無数にある。でも時間もお金もまったく足りない――私は常に工夫をするようになりました。食費を減らすために料理を覚え、テニスウェアは渋谷の生地屋で千円ほどの布を買ってきて、自分で縫いました。どちらも希少資源であるお金をできるだけ有効活用し、本当にやりたいことである旅行の費用を捻出するためです。

しかも、元々は引きこもって本でも読んでいるのが大好きな性格なのに、テニス部に入り、イベントにも飲み会にも積極的に参加、あげくの果てにゴルバチョフ時代のソビエト連邦にまで出かけていく始末。「こんな自由な期間は人生のなかでこの4年間しかない！」という時間の有限感がなければ、あそこまで活動的になることはなかったでしょう。

人間は「いつでもできる」と思うと、なかなか動きません。「4年間しかない。なのにやりたいことはこんなにたくさんある！」という焦燥感が、生産性を高めたいという強い気持ちにつながったのです。

★　★　★

働き始めて30代になった頃、私も人並みに「自分はどんな人生を送りたいんだろう？」「なにを手に入れたいんだろう？」と迷い始めました。なかでも悩んだのは、当時の仕事をこのまま続けるべきか否か、ということです。「これは本当に自分のやりたい仕事なの？　なんだか違う気がするんだけど。でもせっかく手に入れた〝いい仕事〟だし」と1年以上も悩んでいました。

ところがあるとき、ふとしたきっかけで仕事の生産性をギリギリまで上げてみたのです。そうしたら2ヶ月後には「この仕事は私のやりたいこととは違う！」とはっきりわかってしまいました。そしてすぐに転職を決断できたのです。

これはとても不思議なメカニズムなのですが、私たちはイヤなこと、気の向かないことでも、ダラダラやっているとなんとかやり過ごすことができます。ところが生産性を上げて向き合うと、嫌いなことにはすぐに耐えられなくなるのです。

仕事がおもしろくない会社員は、たいていダラダラと働いています。さっさと働くと、終業までの時間が長すぎて耐えられないからです。みなさんにもひとつくらい「嫌いなことが終わるまでダラダラとやり過ごした」という経験があるのではないでしょうか？

反対に、好きなことであれば生産性をいくら上げてもイヤにはなりません。それどころか生産性が上がって時間が余ると「あれもやりたい、これもやりたい」と次々にやりたいことが思い浮かびます。嫌いなことが（生産性を高めてしまって）早く終わると、「えっ、まだ時間が残ってるの？」と絶望的な気持ちになるのとは正反対です。


仕事をやめようかどうしようかと半年も1年も悩んでいる人は、たいてい〝ダラダラモード〟に入っています。そのモードであれば、1年でも2年でも、場合によっては5年でも10年でもブツブツ言いながら働けてしまいます。

しかしそんなことを続けるのは、人生の無駄遣いに他なりません。そういう人は、ごく短期間でいいので今よりぐっと生産性を上げてみてください。そうすれば、自分がそれをどれほど嫌いか（好きか）すぐにわかるはずです。

★
★
★

もうひとつ。生産性を意識すると、人生の希少資源である時間やお金を、自分が本当に手に入れたいモノだけのために使えるようになります。みんなが当たり前のように持っているものでも、世間的にスゴイ、スバラシイと言われるものでも、自分にとってそこまで大事でなければ、貴重な時間やお金を投入するのを止められるようになるのです。

なぜなら、「みんなと同じ」をやっていては、自分がやりたいことをやるための時間もお金も足りなくなるからです。私の場合そうでなくともやりたいことが多いのに、希少資源の無駄遣いはできません。

みんながやっていることを、自分だけ止めるのは躊躇しますよね。でも「生産性が低すぎて人生の時間が無駄になる！」とわかれば、止める決断も簡単になります。

私がみなさんに生産性を上げようと勧めているのは、まずは自分や家族を傷つけてしまいかねない「多忙すぎる生活」から脱出してほしいからです。そして「ずっとやってみたいと思っていたけれど、時間がなくて未だにできていないこと」ができる生活に、一歩でも近づいてほしいから。最後には、やりたいことがすべてできる人生を手に入れてほしいからです。でも、生産性を上げようと真剣に取り組むと、その過程で私たちはたくさんの〝ご褒美〟を得ることができます。それは、

- **いつのまにか成長できていること**
- **やりたいこととそうでもないことが、明確に区別できるようになること** そして、
- **自分の人生の希少資源の使い途に関して、他人の目が気にならなくなること** です。

生産性の高い生活とは、けっしてドタバタと忙しい、ギスギスした生活ではありません。それは自分の人生の希少資源を、自分自身が本当に手に入れたいもののために最大限有効に活用する、自分の人生を取り戻すための方法論です。

私は今でも、少しでも生活や仕事の生産性を上げるため、日々試行錯誤を続けています。みなさんもぜひ生産性を高め、やりたいことを全部やれる人生を手に入れてください。それこそが高生産性シフトの時代において、自分の時間を自分の手に取り戻すための最良の方法なのです。

そんじゃーね！

おまえら、大事なのは生産性だ。今日5時間かかった仕事を、どうやったら3時間で終わらせられるか、毎日そう考えて、仕事のやり方を変えていく、それが大事なんだよ。わかったか！

エッヘン
でも、そんなことしたら別の仕事が降ってきて、自分の仕事が増えるだけですよね？

だからおまえはダメなんだよ！仕事が増えたらさらに生産性を上げるチャンスなんだ！

良夫さんすごい！

参考文献（五十音順）

『イシューからはじめよ　知的生産の「シンプルな本質」』　安宅和人（英治出版　２０１０年）
『ウィニング　勝利の経営』　ジャック・ウェルチ、スージー・ウェルチ（日本経済新聞出版社　２００５年）
『ＡＩの衝撃　人工知能は人類の敵か』　小林雅一（講談社現代新書　２０１５年）
『大前研一　敗戦記』　大前研一（文藝春秋　１９９５年）
『君はまだ残業しているのか』　吉越浩一郎（ＰＨＰ文庫　２０１２年）
『クラウドソーシングの衝撃　雇用流動化時代の働き方・雇い方革命』　比嘉邦彦、井川甲作（インプレスＲ＆Ｄ　２０１３年）
『ゲームのルールを変えろ　ネスレ日本トップが明かす新・日本的経営』　高岡浩三（ダイヤモンド社　２０１３年）
『限界費用ゼロ社会　〈モノのインターネット〉と共有型経済の台頭』　ジェレミー・リフキン（ＮＨＫ出版　２０１５年）
『ＧＥ　世界基準の仕事術』　安渕聖司（新潮社　２０１４年）
『シェア［ペーパーバック版］〈共有〉からビジネスを生みだす新戦略』　レイチェル・ボッツマン、ルー・ロジャース（ＮＨＫ出版　２０１６年）
『シェアリング・エコノミー　Uber, Airbnb が変えた世界』　宮﨑康二（日本経済新聞出版社　２０１５年）

『組織の意味を再定義する時　企業は創造性と生産性を両立できるか　DIAMOND ハーバード・ビジネス・レビュー論文 Kindle 版』　琴坂将広（ダイヤモンド社　２０１４年）
『第四次産業革命　ダボス会議が予測する未来』　クラウス・シュワブ（日本経済新聞出版社　２０１６年）
『統計学が最強の学問である［ビジネス編］　データを利益に変える知恵とデザイン』　西内啓（ダイヤモンド社　２０１６年）
『なぜ、あなたの仕事は終わらないのか　スピードは最強の武器である』　中島聡（文響社　２０１６年）
『How Google Works　私たちの働き方とマネジメント』　エリック・シュミット、ジョナサン・ローゼンバーグ、アラン・イーグル（日本経済新聞出版社　２０１４年）
『速さは全てを解決する　『ゼロ秒思考』の仕事術』　赤羽雄二（ダイヤモンド社　２０１５年）
『部下を定時に帰す「仕事術」　「最短距離」で「成果」を出すリーダーの知恵』　佐々木常夫（WAVE出版　２００９年）
『マッキンゼーで25年にわたって膨大な仕事をしてわかった　いい努力』　山梨広一（ダイヤモンド社　２０１６年）
『LIFE SHIFT　１００年時代の人生戦略』　リンダ・グラットン、アンドリュー・スコット（東洋経済新報社　２０１６年）

［**著者**］

ちきりん

社会派ブロガー／関西出身。バブル期に証券会社に就職。その後、米国での大学院留学、外資系企業勤務を経て2011年から文筆活動に専念。2005年開設の社会派ブログ「Chikirinの日記」は、日本有数のアクセスと読者数を誇る。シリーズ累計43万部のベストセラー『自分のアタマで考えよう』『マーケット感覚を身につけよう』『自分の時間を取り戻そう』『自分の意見で生きていこう』のほか、『徹底的に考えてリノベをしたら、みんなに伝えたくなった50のこと』（以上、ダイヤモンド社）など著書多数。

・Chikirinの日記　https://chikirin.hatenablog.com/
・ちきりんセレクト　https://chikirin-shop.hatenablog.com/
・ボイシー　https://voicy.jp/channel/1295
・ツイッター（X）　@InsideCHIKIRIN

自分の時間を取り戻そう
――ゆとりも成功も手に入れられるたった１つの考え方

2016年11月25日　第１刷発行
2024年３月８日　第６刷発行

著　者――ちきりん
発行所――ダイヤモンド社
〒150-8409　東京都渋谷区神宮前6-12-17
https://www.diamond.co.jp/
電話／03･5778･7233（編集）　03･5778･7240（販売）

イラスト――北川剛之（キットデザイン）
装丁――――萩原弦一郎、徳永裕美（ISSHIKI）
ＤＴＰ―――徳永裕美（ISSHIKI）
校正――――加藤義廣（小柳商店）、鷗来堂
製作進行――ダイヤモンド・グラフィック社
印刷――――勇進印刷（本文）・加藤文明社（カバー）
製本――――加藤製本
編集担当――横田大樹

ISBN 978-4-478-10155-1